히어로 왕초보 한국어 단어

HERO
KOREAN VOCABULARY

for Beginner

히어로 왕초보 **한국어 단어** English ver.

HERO **KOREAN VOCA**BULARY
for Beginner

2nd Edition published	2024.12.2.
1st Edition published	2020.6.30.

written by	the Calling
supervised by	Colin Moore
edited by	Kim Eunkyung
copy-edited by	Lee Jeeyoung
voice actor	Song Youme / Tina Kim

publisher	Cho Kyung-a
published by	LanguageBooks (101-90-85278, 2008.7.10.)
address	208 Bellavista, (390-14, Hapjeong-dong)
	31, Poeun-ro 2na-gil, Mapo-gu, Seoul, Korea
telephone	+82-2-406-0047
fax	+82-2-406-0042
e-mail	languagebooks@hanmail.net
mp3 free download	blog.naver.com/languagebook

ISBN	979-11-5635-136-8 (10710)
Price	KRW10,000

©LanguageBooks, 2020

히어로 왕초보 한국어 단어

HERO
KOREAN VOCABULARY

for Beginner

English ver.

Language Books

Preface

As the popularity of K-Pop and Korean dramas and the charming Korean culture have increased, the number of Korean learners is increasing.

The easy-to-carry <**Hero Korean Vocabulary for Beginner**> for the busy modern life, has collected Korean words that can be used in daily life. Even if you are a beginner, kind Koreans will be glad to be your friend.

<**Hero Korean Vocabulary for Beginner**> will be a good helper to improve your Korean.

the Calling writer Kim Joenghee

머리말

K-Pop과 한국 드라마 등의 인기 상승 및 매력적인 한국 문화로 한국에 대한 관심이 커져가면서 한국어 학습자도 많아지고 있습니다.

〈**히어로 왕초보 한국어 단어**〉는 바쁜 현대 생활에 어울리는 휴대 간편한 사이즈로, 일상 생활에서 바로 써 먹을 수 있는 한국어 단어만을 모았습니다. 당신이 비록 초보 학습자라도 친절한 한국인은 기꺼이 당신과 친구가 될 것입니다.

〈**히어로 왕초보 한국어 단어**〉는 당신의 한국어 실력을 발전시킬 좋은 조력자가 될 것입니다.

더 콜링_김정희

About this book

• Speak out without hesitation!

This small-sized book contains vocabulary for beginners to intermediate Korean learners. We collected the most commonly used vocabulary in Korea, and it is arranged from introductions to shopping, travel and cases & accidents. We chose 26 topics of daily life, and the collection amounts to almost 3,000 words.

• Speak out like a native speaker!!

All words are Romanized as closely as possible with pronunciation in the Standard Korean native speaker for beginners. They are included a kind of liaisons(for example, the under consonant sound shifts over to the next syllable).

• Speak out everywhere!!!

It is a pocket-sized, whenever you can find vocabularies that you want to say something. From now on, <**Hero Korean Vocabulary for Beginner**> will be a familiar assistant of your Korean language learning.

이 책의 특징

● 막힘없이 쉽게!

왕초보부터 초·중급 수준의 한국어 학습자를 위한 필수 단어 포켓북입니다. 한국에서 가장 많이 쓰는 필수 어휘를 엄선하여, 소개부터 쇼핑, 여행, 사건&사고까지 세세하게 구성했습니다. 일상생활에서 꼭 필요한 대표적인 주제 26개를 선정하여 약 3,000여 개의 어휘를 담았습니다.

● 리얼 발음으로 쉽게!!

왕초보도 쉽게 한국어를 읽을 수 있도록 원어민 표준 발음에 최대한 가깝게 표기했습니다. 단어의 연음까지 반영한 로마자 표기로 이제 자신 있게 원어민 발음을 구사해 보세요.

● 어디서나 쉽게!!!

한 손에 쏙 들어오는 크기로, 언제 어디서나 주머니 속에 휴대하며 필요할 때마다 어휘를 찾아 익힐 수 있습니다. 지금부터는 포켓 사이즈 〈**히어로 왕초보 한국어 단어**〉가 당신의 한국어 학습의 친숙한 조수입니다.

About
Republic of Korea

✓ **Name of Country**   Republic of Korea
(**대한민국** [대:한민국] dae-han-min-guk)

✓ **Location**   Asia (Northeast Asia)

✓ **Capital**   Seoul (**서울** [서울] seo-ul)

✓ **Official Language**   Korean (**한국어** [한:구거] han-gu-geo)

✓ **Population**   51.69 million (2024)

✓ **Area**   100,364㎢

✓ **GDP** $1.6 trillion (2024)

✓ **Currency**   South Korean Won (KRW)
(**원** [원] won)

* **source** www.korea.net, tradingeconomics.com

About Korean Language & Letters
한국어와 한글 han-gu-geo-wa han-geul

Hangeul 한글 han-geul MP3. U00

Hangeul is the Korean alphabet. This written form of the Korean language was commissioned by King Sejong (1397-1450) during the Joseon Dynasty and made the nation's official script in 1446. Hangeul today is composed of nineteen consonants and twenty-one vowels.

1. **Consonants 자음** ja-eum

> **tip.** Consonants in the Korean alphabet may sound
> differently depending on whether they are
> the initial or final letter in a syllable. Some
> consonants only appear in either the initial or
> final position in a syllable.

• 9 plain consonants

letter	letter's name	sample word	meaning
ㄱ	기역 gi-yeok	가구 [가구] ga-gu	furniture
ㄴ	니은 ni-eun	나비 [나비] na-bi	butterfly
ㄷ	디귿 di-geut	다리미 [다리미] da-ri-mi	iron
ㄹ	리을 ri-eul	라디오 [라디오] ra-di-o	radio
ㅁ	미음 mi-eum	마차 [마ː차] ma-cha	carriage, wagon
ㅂ	비읍 bi-eup	바지 [바지] ba-ji	trousers, pants
ㅅ	시옷 si-ot	사탕 [사탕] sa-tang	candy
ㅇ	이응 i-eung	아기 [아기] a-gi	baby
ㅈ	지읒 ji-eut	자유 [자유] ja-yu	freedom

• 5 aspirated consonants

letter	letter's name	sample word	meaning
ㅊ	치읓 chi-eut	차표 [차표] cha-pyo	ticket
ㅋ	키읔 ki-euk	카메라 [카메라] ka-me-ra	camera
ㅌ	티읕 ti-eut	타조 [타:조] ta-jo	ostrich
ㅍ	피읖 pi-eup	파도 [파도] pa-do	wave
ㅎ	히읗 hi-eut	하마 [하마] ha-ma	hippopotamus

• 5 tense consonants

letter	letter's name	sample word	meaning
ㄲ	쌍기역 ssang-gi-yeok	까치 [까:치] gga-chi	magpie
ㄸ	쌍디귿 ssang-di-geut	딸기 [딸:기] ddal-gi	strawberry
ㅃ	쌍비읍 ssang-bi-eup	빨래 [빨래] bbal-rae	laundry
ㅆ	쌍시옷 ssang-si-ot	쌍둥이 [쌍둥이] ssang-dung-i	twins
ㅉ	쌍지읒 ssang-ji-eut	짜장면 [짜장면] jja-jang-myeon	black bean sauce noodles

12

tip. Consonants in the Korean alphabet can be combined into 11 consonant clusters, which always appear in the final position in a syllable. They are: ㄳ, ㄵ, ㄶ, ㄺ, ㄻ, ㄼ, ㄽ, ㄾ, ㄿ, ㅀ, and ㅄ.

2. **Vowels** 모음 mo-eum

• **6 simple vowels**

letter	letter's name	sample word	meaning
ㅏ	아 a	바나나 [바나나] ba-na-na	banana
ㅓ	어 eo	어머니 [어머니] eo-meo-ni	mother
ㅗ	오 o	도로 [도:로] do-ro	road
ㅜ	우 u	구두 [구두] gu-du	shoes
ㅡ	으 eu	드레스 [드레스] deu-re-seu	dress
ㅣ	이 i	기린 [기린] gi-rin	giraffe

• 9 compound vowels

letter	letter's name	sample word	meaning
ㅐ	애 ae	냄새 [냄:새] naem-sae	smell
ㅔ	에 e	세제 [세:제] se-je	detergent
ㅘ	와 wa	과일 [과:일] gwa-il	fruit
ㅙ	왜 wae	돼지 [돼:지] dwae-ji	pig
ㅚ	외 oe	외국 [외:국/웨:국] oe-guk/we-guk	foreign country
ㅝ	워 wo	권투 [권:투] gwon-tu	boxing
ㅞ	웨 we	웨이터 [웨이터] we-i-teo	waiter
ㅟ	위 wi	취미 [취:미] chwi-mi	hobby
ㅢ	의 ui	의자 [의자] ui-ja	chair

• 6 iotized vowels

letter	letter's name	sample word	meaning
ㅑ	야 ya	야구 [야:구] ya-gu	baseball
ㅓ	여 yeo	여자 [여자] yeo-ja	woman
ㅛ	요 yo	교수 [교:수] gyo-su	professor
ㅠ	유 yu	유리 [유리] yu-ri	glass
ㅒ	얘 yae	얘기 [얘:기] yae-gi	story
ㅖ	예 ye	예약 [예:약] ye-yak	reservation

• System of the Parts of a Speech

Please refer these notations about parts of speech in this book.

n.	명사	**v.**	동사
a.	형용사	**ad.**	부사
suf.	접미사	**b.n.**	의존명사
d.n.	관형명사	**num.**	수사
d.	관형사	**p.**	조사

차례

Contents

☐ **소개** [소개] so-gae **n.** introduction

☐ **소개하다** [소개하다] so-gae-ha-da **v.** introduce

☐ **자기소개** [자기소개] ja-gi-so-gae
  n. self-introduction

☐ **이름** [이름] i-reum **n.** name, first name

☐ **성명** [성:명] seong-myeong **n.** name

☐ **성함** [성:함] seong-ham **n.** name

☐ **성** [성:] seong **n.** last name

☐ **별명** [별명] byeol-myeong **n.** nickname

☐ **명함** [명함] myeong-ham **n.** business card

☐ **성별** [성:별] seong-byeol **n.** sex

□ **남자** [남자] nam-ja **n.** man

□ **남성** [남성] nam-seong **n.** male

□ **사나이** [사나이] sa-na-i **n.** guy
  = **사내** [사내] sa-nae

□ **아저씨** [아저씨] a-jeo-ssi **n.** sir
  = **아재** [아재] a-jae

□ **여자** [여자] yeo-ja **n.** woman

□ **여성** [여성] yeo-seong **n.** female

□ **아주머니** [아주머니] a-ju-meo-ni **n.** ma'am
  = **아줌마** [아줌마] a-jum-ma

□ **나이** [나이] na-i **n.** age

□ **연세** [연세] yeon-se **n.** age

□ **생일** [생일] saeng-il **n.** birthday

□ **국적** [국쩍] guk-jjeok **n.** nationality

□ **국가** [국까] guk-gga **n.** nation, country
　= **나라** [나라] na-ra

□ **고국** [고:국] go-guk **n.** one's homeland

□ **언어** [어너] eo-neo **n.** language

□ **모국어** [모:구거] mo-gu-geo
　n. mother tongue

□ **외국어** [외:구거/웨:구거] oe-gu-geo/we-gu-geo
　n. foreign language

□ **한국어** [한:구거] han-gu-geo
　n. Korean (language)

□ **영어** [영어] yeong-eo **n.** English

□ **중국어** [중구거] jung-gu-geo **n.** Chinese

□ **일본어** [일보너] il-bo-neo **n.** Japanese

□ **독일어** [도기러] do-gi-reo **n.** German

□ **프랑스어** [프랑스어] peu-rang-seu-eo **n.** French

□ **스페인어** [스페이너] seu-pe-i-neo **n.** Spanish
= **에스파냐어** [에스파냐어] e-seu-pa-nya-eo

□ **직업** [지겁] ji-geop
n. job, occupation, profession

□ **직장** [직짱] jik-jjang **n.** workplace

□ **업무** [엄무] eom-mu
n. work, task, business

□ **직급** [직끕] jik-ggeup **n.** position
= **직위** [지궈] ji-gwi

□ **전공** [전공] jeon-gong **n.** major

부전공 [부:전공] bu-jeon-gong **n.** minor

복수전공 [복쑤전공] bok-ssu-jeon-gong double major

학년 [항년] hang-nyeon **n.** grade, school year

종교 [종교] jong-gyo **n.** religion

기독교 [기독꾜] gi-dok-ggyo **n.** Christianity

천주교 [천주교] cheon-ju-gyo **n.** Catholicism

불교 [불교] bul-gyo **n.** Buddhism

이슬람교 [이슬람교] i-seul-ram-gyo **n.** Islam

살다 [살:다] sal-da **v.** live

주소 [주:소] ju-so **n.** address

전화번호 [전:화번호] jeon-hwa-beon-ho **n.** phone number

□ **가족** [가족] ga-jok **n.** family

□ **식구** [식꾸] sik-ggu **n.** family member

□ **안부** [안부] an-bu **n.** say hello

□ **인사** [인사] in-sa **n.** greeting

□ **인사하다** [인사하다] in-sa-ha-da **v.** greet

□ **안녕하세요!** an-nyeong-ha-se-yo!
Hello!

□ **안녕!** an-nyeong!
Hi!

□ **반가워(요).** ban-ga-wo(-yo)
Nice to meet you.

□ **안녕히 주무세요.** an-nyeong-hi ju-mu-se-yo
Good night.
= **잘 자.** jal ja

- 어떻게 지내(요)? eo-ddeo-ke ji-nae(-yo)?

  How are you?

- 잘 지내(요). jal ji-nae(-yo)

  I'm doing well.

- 아니(요), 못 지내(요). a-ni(-yo), mot ji-nae(-yo)

  No, I'm not well.

- 별로(요). byeol-ro(-yo)

  Not so good.

- 그럭저럭(요). geu-reok-jjeo-reok(-yo)

  So-so.

- 식사하셨어요? sik-ssa-ha-syeo-sseo-yo?

  Did you eat yet?

  = 밥 먹었니? bap meo-geon-ni?

- 오랜만이네(요). o-raen-ma-ni-ne(-yo)

  Long time no see.

□ **안녕히 가세요.** an-nyeong-hi ga-se-yo
Good bye.
= **잘 가.** jal ga

□ **이따가 만나(요).** i-dda-ga man-na(-yo)
See you later.

□ **또 만나(요).** ddo man-na(-yo)
See you again.

□ **내일 만나(요).** nae-il man-na(-yo)
See you tomorrow.

□ **실례합니다.** sil-rye-ham-ni-da
Excuse me.

□ **좋은 주말 되세요.** jo-eun ju-mal doe-se-yo
Have a nice weekend.

□ **어서 오세요.** eo-seo o-se-yo
Welcome. / Come on.

= 어서 와(요). eo-seo wa(-yo)

감사합니다. gam-sa-ham-ni-da
Thank you. / Thanks.
= 고마워(요). go-ma-wo(-yo)

천만에(요). cheon-ma-ne(-yo)
You're welcome.

미안해(요). mi-an-hae(-yo)
I'm sorry.
= 죄송해요. joe-song-hae-yo/jwe-song-hae-yo

괜찮아(요). gwaen-cha-na(-yo)
It's okay.

환영 [환영] hwan-yeong **n.** welcome

환영하다 [환영하다] hwan-yeong-ha-da
v. welcome

초대 [초대] cho-dae **n.** invitation

□ **초대하다** [초대하다] cho-dae-ha-da **v.** invite

□ **초대장** [초대짱] cho-dae-jjang
  n. invitation card

□ **손님** [손님] son-nim **n.** guest

□ **지인** [지인] ji-in **n.** acquaintance
  = **아는 사람** [아는 사람] a-neun sa-ram

□ **친구** [친구] chin-gu **n.** friend
  = **벗** [벋:] beot

Gratitude & Apologies
감사 & 사과 gam-sa & sa-gwa **MP3. U02**

☐ **감사** [감:사] gam-sa
  n. gratitude, appreciation

☐ **감사하다** [감:사하다] gam-sa-ha-da **a.** thankful
  v. thank, appreciate

☐ **고마움** [고:마움] go-ma-um
  n. gratitude, appreciation

☐ **고맙다** [고:맙따] go-map-dda **a.** thankful

☐ **친절** [친절] chin-jeol **n.** kindness

☐ **친절하다** [친절하다] chin-jeol-ha-da **a.** kind

☐ **도움** [도움] do-um **n.** help, assistance

☐ **돕다** [돕:따] dop-dda **v.** help

☐ **베풀다** [베풀다] be-pul-da **v.** oblige

□ **관심** [관심] gwan-sim **n. concern, interest**

□ **기쁨** [기쁨] gi-bbeum **n. pleasure**

□ **혜택** [혜:택/헤:택] hye-taek/he-taek **n. benefit**

□ **자비** [자비] ja-bi **n. mercy**

□ **배려** [배:려] bae-ryeo **n. consideration**

□ **배려하다** [배:려하다] bae-ryeo-ha-da
　v. consider

□ **신세** [신세] sin-se **n. favor**

□ **은혜** [은혜/은헤] eun-hye/eun-he **n. favor**

□ **걱정** [걱쩡] geok-jjeong **n. worry, concern**

□ **염려** [염:녀] yeom-nyeo **n. worry, anxiety**

□ **관대하다** [관:대하다] gwan-dae-ha-da
　a. generous

대접 [대:접] dae-jeop

n. reception, treatment

= **접대** [접때] jeop-ddae

한턱 [한턱] han-teok n. treat

한턱내다 [한텅내다] han-teong-nae-da

v. give a treat

보살핌 [보살핌] bo-sal-pim n. care

보살피다 [보살피다] bo-sal-pi-da

v. take care of

= **돌보다** [돌:보다] dol-bo-da

이해 [이:해] i-hae n. understanding

이해하다 [이:해하다] i-hae-ha-da

v. understand

양해 [양해] yang-hae

n. understanding, excuse

□ **기다리다** [기다리다] gi-da-ri-da **v.** wait

□ **기회** [기회/기훼] gi-hoe/gi-hwe **n.** chance

□ **격려** [경녀] gyeong-nyeo **n.** encouragement

□ **격려하다** [경녀하다] gyeong-nyeo-ha-da
   v. cheer, encourage

□ **충고** [충고] chung-go **n.** advice

□ **충고하다** [충고하다] chung-go-ha-da **v.** advise

□ **타이르다** [타이르다] ta-i-reu-da
   v. persuade, advise

□ **칭찬** [칭찬] ching-chan **n.** compliment

□ **칭찬하다** [칭찬하다] ching-chan-ha-da **v.** praise

□ **사과** [사:과] sa-gwa **n.** apology

□ **사과하다** [사:과하다] sa-gwa-ha-da **v.** apologize

미안하다 [미안하다] mi-an-ha-da a. sorry
= **죄송하다** [죄:송하다/줴:송하다]
joe-song-ha-da/jwe-song-ha-da

용서 [용서] yong-seo n. forgiveness

용서하다 [용서하다] yong-seo-ha-da v. forgive

문제 [문:제] mun-je n. problem

잘못 [잘몯] jal-mot n. fault ad. wrongly

잘못하다 [잘모타다] jal-mo-ta-da v. do wrong

실수 [실쑤] sil-ssu n. mistake

실수하다 [실쑤하다] sil-ssu-ha-da
v. make a mistake

틀리다 [틀리다] teul-ri-da v. be wrong

탓 [탇] tat n. blame, reason

34

□ **착각** [착깍] chak-ggak **n.** illusion

□ **착각하다** [착까카다] chak-gga-ka-da
  v. be confused

□ **오해** [오해] o-hae **n.** misunderstanding

□ **오해하다** [오해하다] o-hae-ha-da
  v. misunderstand

□ **난처하다** [난:처하다] nan-cheo-ha-da
  a. embarrassing, awkward

□ **번거롭다** [번거롭따] beon-geo-rop-dda
  a. inconvenient

□ **방해** [방해] bang-hae
  n. disturbance, interruption
  = **훼방** [훼:방] hwe-bang

□ **방해하다** [방해하다] bang-hae-ha-da
  v. disturb, interrupt

□ **곤란** [골:란] gol-ran **n.** trouble

□ **곤란하다** [골:란하다] gol-ran-ha-da
  a. difficult, hard

□ **비난** [비:난] bi-nan **n.** blame

□ **비난하다** [비:난하다] bi-nan-ha-da **v.** blame

□ **헐뜯다** [헐:뜯따] heol-ddeut-dda **v.** speak ill of
  = **흉보다** [흉보다] hyung-bo-da

□ **일부러** [일:부러] il-bu-reo **ad.** on purpose

□ **고의** [고:의/고:이] go-ui/go-i **n.** purpose

□ **의도** [의:도] ui-do **n.** intention

□ **선의** [서:늬/서:니] seo-nui/seo-ni
  n. good intentions

□ **악의** [아긔/아기] a-gwi/a-gi **n.** spite

□ **피해** [피:해] pi-hae **n.** harm, damage

□ **손해** [손:해] son-hae **n.** damage, loss
= **손실** [손:실] son-sil

□ **지각** [지각] ji-gak **n.** lateness, tardiness

□ **지각하다** [지가카다] ji-ga-ka-da **v.** be late

□ **신체** [신체] sin-che **n.** body

= **몸** [몸] mom

□ **머리** [머리] meo-ri **n.** head

□ **머리카락** [머리카락] meo-ri-ka-rak **n.** hair

□ **긴 머리** [긴 머리] gin meo-ri long hair

□ **짧은 머리** [짤븐 머리] jjal-beun meo-ri
short hair

□ **곱슬머리** [곱쓸머리] gop-sseul-meo-ri
n. curly hair

□ **생머리** [생:머리] saeng-meo-ri **n.** straight hair

□ **단발머리** [단:발머리] dan-bal-meo-ri
n. bobbed hair

□ **목** [목] mok **n.** neck

□ **어깨** [어깨] eo-ggae **n.** shoulder

□ **등** [등] deung **n.** back

□ **가슴** [가슴] ga-seum **n.** chest

□ **젖가슴** [젇까슴] jeot-gga-seum **n.** breast

□ **배** [배] bae **n.** stomach

□ **허리** [허리] heo-ri **n.** waist

□ **엉덩이** [엉:덩이] eong-deong-i **n.** hip

□ **팔** [팔] pal **n.** arm

□ **팔꿈치** [팔꿈치] pal-ggum-chi **n.** elbow

□ **손목** [손목] son-mok **n.** wrist

□ **손** [손] son **n.** hand

□ **손등** [손뜽] son-ddeung **n.** back of hand

□ **손바닥** [손빠닥] son-bba-dak **n.** palm

□ **오른손** [오른손] o-reun-son **n.** right hand
   = **바른손** [바른손] ba-reun-son

□ **오른손잡이** [오른손자비] o-reun-son-ja-bi
   n. right-handed

□ **왼손** [왼:손/웬:손] oen-son/wen-son **n.** left hand

□ **왼손잡이** [왼:손자비/웬:손자비]
   oen-son-ja-bi/wen-son-ja-bi **n.** left-handed

□ **손가락** [손까락] son-gga-rak **n.** finger

□ **손톱** [손톱] son-top **n.** nail

□ **다리** [다리] da-ri **n.** leg

□ **허벅지** [허벅찌] heo-beok-jji **n.** thigh

40

□ **종아리** [종:아리] jong-a-ri **n. calf**

□ **무릎** [무릅] mu-reup **n. knee**

□ **발** [발] bal **n. foot, feet**

□ **발바닥** [발빠닥] bal-bba-dak **n. sole**

□ **발등** [발뜽] bal-ddeung
   n. top side of the foot

□ **발목** [발목] bal-mok **n. ankle**

□ **발가락** [발까락] bal-gga-rak **n. toe**

□ **발톱** [발톱] bal-top **n. toenail**

□ **얼굴** [얼굴] eol-gul **n. face**

□ **얼굴형** [얼굴형] eol-gul-hyeong **n. face shape**

□ **얼굴빛** [얼굴삗] eol-gul-bbit **n. complexion**
   = **안색** [안색] an-saek

☐ **이마** [이마] i-ma **n.** forehead

☐ **귀** [귀] gwi **n.** ear

☐ **볼** [볼] bol **n.** cheek

☐ **보조개** [보조개] bo-jo-gae **n.** dimple

☐ **턱** [턱] teok **n.** chin

☐ **눈썹** [눈썹] nun-sseop **n.** eyebrow

☐ **속눈썹** [송:눈썹] song-nun-sseop **n.** eyelash

☐ **눈** [눈] nun **n.** eye

☐ **눈동자** [눈똥자] nun-ddong-ja **n.** pupil

☐ **쌍꺼풀** [쌍꺼풀] ssang-ggeo-pul
n. double eyelid

☐ **코** [코] ko **n.** nose

□ **콧대** [코때/콛때] ko-ddae/kot-ddae
n. the bridge of the nose

□ **콧구멍** [코꾸멍/콛꾸멍]
ko-ggu-meong/kot-ggu-meong **n.** nostril

□ **입** [입] ip **n.** mouth

□ **입술** [입쑬] ip-ssul **n.** lip

□ **혀** [혀] hyeo **n.** tongue

□ **혓바닥** [혀빠닥/혇빠닥] hyeo-bba-dak/hyeot-bba-dak
n. surface of the tongue

□ **이** [이] i **n.** tooth, teeth
= **치아** [치아] chi-a

□ **이빨** [이빨] i-bbal **n.** tooth, teeth

□ **잇몸** [인몸] in-mom **n.** gum

□ **키** [키] ki **n.** height

□ **크다** [크다] keu-da **a.** tall

□ **키다리** [키다리] ki-da-ri **n.** beanpole

□ **작다** [작:따] jak-da **a.** short

□ **작다리** [작따리] jak-da-ri **n.** a short person

□ **몸무게** [몸무게] mom-mu-ge **n.** weight

□ **뚱뚱하다** [뚱뚱하다] ddung-ddung-ha-da **a.** fat

□ **통통하다** [통통하다] tong-tong-ha-da
　a. plump, chubby

□ **비만** [비:만] bi-man **n.** obesity, corpulence

□ **날씬하다** [날씬하다] nal-ssin-ha-da **a.** slender

□ **홀쭉하다** [홀쭈카다] hol-jju-ka-da **a.** thin

□ **피부** [피부] pi-bu **n.** skin

□ **주름** [주름] ju-reum **n.** wrinkle

□ **점** [점] jeom **n.** dot

□ **여드름** [여드름] yeo-deu-reum **n.** pimple

□ **뽀루지** [뽀루지] bbyo-ru-ji
  n. pimple, eruption, rash

□ **주근깨** [주근깨] ju-geun-ggae **n.** freckle

□ **기미** [기미] gi-mi **n.** freckle

□ **잡티** [잡티] jap-ti **n.** blemish

□ **모공** [모공] mo-gong **n.** pore

□ **비듬** [비듬] bi-deum **n.** dandruff

□ **수염** [수염] su-yeom **n.** facial hair

□ **턱수염** [턱쑤염] teok-ssu-yeom **n.** beard

□ **콧수염** [코쑤염/콛쑤염]
ko-ssu-yeom/kot-ssu-yeom **n.** moustache

□ **외모** [외:모/웨:모] oe-mo/we-mo **n.** appearance
= **모습** [모습] mo-seup

□ **잘생기다** [잘생기다] jal-saeng-gi-da
v. be handsome
= **잘나다** [잘라다] jal-ra-da

□ **아름답다** [아름답따] a-reum-dap-dda
a. beautiful

□ **예쁘다** [예:쁘다] ye-bbeu-da **a.** pretty

□ **귀엽다** [귀:엽따] gwi-yeop-dda **a.** cute
= **깜찍하다** [깜찌카따] ggam-jji-ka-da

□ **우아하다** [우아하다] u-a-ha-da **a.** grace

46

□ **근사하다** [근:사하다] geun-sa-ha-da

a. wonderful, fabulous

03

□ **세련되다** [세:련되다/세:련뒈다]

se-ryeon-doe-da/se-ryeon-dwe-da

a. polished, chic

□ **멋지다** [먿찌다] meot-jji-da a. nice

□ **못생기다** [몯:쌩기다] mot-ssaeng-gi-da

v. be ugly

= **못나다** [몬:나다] mon-na-da

□ **추하다** [추하다] chu-ha-da a. ugly

Feelings & Character
감정 & 성격 gam-jeong & seong-gyeok **MP3. U04**

☐ **기쁘다** [기쁘다] gi-bbeu-da **a. pleased**

☐ **즐겁다** [즐겁따] jeul-geop-dda **a. joyful**

☐ **유쾌하다** [유쾌하다] yu-kwae-ha-da **a. cheerful**

☐ **흐뭇하다** [흐무타다] heu-mu-ta-da **a. delighted**

☐ **재미있다** [재미읻따] jae-mi-it-dda **a. funny**

☐ **흥미진진하다** [흥:미진진하다]
heung-mi-jin-jin-ha-da **a. interested**

☐ **흥분하다** [흥분하다] heung-bun-ha-da
v. be excited

☐ **행복하다** [행:보카다] haeng-bo-ka-da **a. happy**

☐ **만족하다** [만조카다] man-jo-ka-da
a. satisfied v. satisfy

48

□ **흡족하다** [흡쪼카다] heup-jjo-ka-da a. enough

□ **편하다** [편하다] pyeon-ha-da a. convenient

□ **믿다** [믿따] mit-dda v. believe

□ **신뢰** [실:뢰/실:뤠] sil-roe/sil-rwe
   n. trust, confidence

□ **안심** [안심] an-sim n. relief

□ **슬프다** [슬프다] seul-peu-da a. sad

□ **비통하다** [비:통하다] bi-tong-ha-da
   a. sorrowful

□ **우울하다** [우울하다] u-ul-ha-da a. gloomy

□ **괴롭다** [괴롭따/궤롭따] goe-rop-dda/gwe-rop-dda
   a. painful

☐ **고통스럽다** [고통스럽따] go-tong-seu-reop-dda
a. painful

☐ **비참하다** [비:참하다] bi-cham-ha-da
a. miserable

☐ **실망하다** [실망하다] sil-mang-ha-da
v. be disappointed

☐ **부끄럽다** [부끄럽따] bu-ggeu-reop-dda
a. shameful

☐ **수치스럽다** [수치스럽따] su-chi-seu-reop-dda
a. disgraceful

☐ **짜증스럽다** [짜증스럽따] jja-jeung-seu-reop-dda
a. annoying

☐ **불편하다** [불편하다] bul-pyeon-ha-da
a. uncomfortable, inconvenient

50

☐ **화** [화:] hwa **n.** anger

☐ **화나다** [화:나다] hwa-na-da **v.** get angry

☐ **무섭다** [무섭따] mu-seop-dda **a.** horrible

☐ **두렵다** [두렵따] du-ryeop-dda **a.** fearful

☐ **겁나다** [겁나다] geop-na-da **v.** get scared

☐ **불안하다** [불안하다] bu-ran-ha-da **a.** anxious

☐ **긴장하다** [긴장하다] gin-jang-ha-da
　v. be nervous

☐ **초조하다** [초조하다] cho-jo-ha-da **a.** nervy

☐ **조마조마하다** [조마조마하다] jo-ma-jo-ma-ha-da
　a. afraid, nervous

04

□ **어색하다** [어:새카다] eo-sae-ka-da **a. awkward**
= **서먹서먹하다** [서먹써머카다]
seo-meok-sseo-meo-ka-da

□ **걱정스럽다** [걱쩡스럽따] geok-jjeong-seu-reop-dda
a. worried
= **근심스럽다** [근심스럽따] geun-sim-seu-reup-dda
= **염려스럽다** [염:녀스럽따]
yeom-nyeo-seu-reop-dda

□ **거북하다** [거:부카다] geo-bu-ka-da
a. uncomfortable

□ **예민하다** [예:민하다] ye-min-ha-da **a. sensitive**

□ **귀찮다** [귀찬타] gwi-chan-ta **a. troublesome**
= **성가시다** [성가시다] seong-ga-si-da
= **번거롭다** [번거롭따] beon-geo-rop-dda

□ **섭섭하다** [섭써파다] seop-sseo-pa-da
  a. regrettable, sorry
  = **서운하다** [서운하다] seo-un-ha-da
  = **아쉽다** [아쉽따] a-swip-dda

04

□ **안타깝다** [안타깝따] an-ta-ggap-dda **a. pitiful**
  = **딱하다** [따카다] dda-ka-da

□ **착하다** [차카다] cha-ka-da **a. good**

□ **친절하다** [친절하다] chin-jeol-ha-da **a. kind**

□ **다정하다** [다정하다] da-jeong-ha-da **a. friendly**
  = **정겹다** [정겹따] jeong-gyeop-dda

□ **상냥하다** [상냥하다] sang-nyang-ha-da
  a. gentle, tender

□ **싹싹하다** [싹싸카다] ssak-ssa-ka-da
  a. affable, gentle
  = **사근사근하다** [사근사근하다]

  sa-geun-sa-geun-ha-da

□ **공손하다** [공손하다] gong-son-ha-da **a. polite**
= **정중하다** [정:중하다] jeong-jung-ha-da

□ **고분고분하다** [고분고분하다]
go-bun-go-bun-ha-da **a. obedient**

□ **겸손하다** [겸손하다] gyeom-son-ha-da
a. humble

□ **정직하다** [정:지카다] jeong-ji-ka-da **a. honest**

□ **세심하다** [세:심하다] se-sim-ha-da
a. scrupulous

□ **침착하다** [침차카다] chim-cha-ka-da
a. calm, composed
= **차분하다** [차분하다] cha-bun-ha-da

□ **과묵하다** [과:무카다] gwa-mu-ka-da **a. reticent**

□ **신중하다** [신:중하다] sin-jung-ha-da **a. cautious**

□ **대담하다** [대:담하다] dae-dam-ha-da **a. daring**

□ **적극** [적끅] jeok-ggeuk **n. the positive**

□ **외향** [외:향/웨:향] oe-hyang/we-hyang
   n. extroversion

□ **우호** [우:호] u-ho **n. friendship**

□ **소극** [소극] so-geuk **n. the negative**

□ **내향** [내:향] nae-hyang **n. introversion**

□ **수동** [수동] su-dong **n. the passive**

□ **비관** [비:관] bi-gwan **n. pessimism**

□ **이기** [이:기] i-gi **n. self**

□ **소심하다** [소:심하다] so-sim-ha-da **a. timid**

□ **수줍다** [수줍따] su-jup-dda **a. shy**

55

□ **숫기** [숟끼] sut-ggi **n.** not shy

□ **숫기가 없다** [숟끼가 업:따] sut-ggi-ga eop-dda
be shy

□ **무뚝뚝하다** [무뚝뚜카다] mu-dduk-ddu-ka-da
a. curt

□ **나쁘다** [나쁘다] na-bbeu-da **a.** bad

□ **무례하다** [무례하다] mu-rye-ha-da **a.** rude

□ **게으르다** [게으르다] ge-eu-reu-da **a.** idle, lazy

□ **신경질** [신경질] sin-gyeong-jil **n.** nervousness

□ **사납다** [사:납따] sa-nap-dda **a.** fierce

□ **심술궂다** [심술굳따] sim-sul-gut-dda
a. cantankerous

□ **거만하다** [거:만하다] geo-man-ha-da

a. haughty

= **교만하다** [교만하다] gyo-man-ha-da

= **건방지다** [건방지다] geon-bang-ji-da

☐ **만나다** [만나다] man-na-da **v.** meet

☐ **만남** [만남] man-nam **n.** meeting

☐ **데이트** [데이트] de-i-teu **n.** date
= **교제** [교제] gyo-je

☐ **소개팅** [소개팅] so-gae-ting **n.** blind date

☐ **맞선** [맏썬] mat-sseon **n.** meeting with a
prospective marriage partner
= **선** [선:] seon

☐ **사귀다** [사귀다] sa-gwi-da **v.** make a friend

☐ **좋아하다** [조:아하다] jo-a-ha-da **v.** like

☐ **사랑하다** [사랑하다] sa-rang-ha-da **v.** love

☐ **사랑** [사랑] sa-rang **n.** love

□ **애정** [애:정] ae-jeong **n.** love, affection

□ **이상형** [이:상형] i-sang-hyeong **n.** ideal type

□ **공감대** [공:감대] gong-gam-dae **n.** sympathy

□ **애인** [애:인] ae-in **n.** sweetheart
  = **연인** [여:닌] yeo-nin

□ **친구** [친구] chin-gu **n.** friend

□ **남자 친구** [남자 친구] nam-ja chin-gu boyfriend

□ **여자 친구** [여자 친구] yeo-ja chin-gu girlfriend

□ **매력** [매력] mae-ryeok **n.** charm

□ **유혹하다** [유호카다] yu-ho-ka-da
  v. tempt, seduce

□ **꾀다** [꾀:다/꿰:다] ggoe-da/ggwe-da **v.** hit on
  = **꼬시다** [꼬시다] ggo-si-da

□ **반하다** [반:하다] ban-ha-da
  v. have a crush on

□ **홀리다** [홀리다] hol-ri-da v. be bewitched

□ **뽀뽀** [뽀뽀] bbo-bbo n. kiss, peck

□ **키스** [키스] ki-seu n. kiss
  = **입맞춤** [임맏춤] im-mat-chum

□ **윙크** [윙크] wing-keu n. wink

□ **눈짓** [눈찓] nun-jjit n. eye-signal

□ **포옹** [포:옹] po-ong n. hug

□ **껴안다** [껴안따] ggyeo-an-dda v. hug

□ **그립다** [그립따] geu-rip-dda a. missable

□ **그리워하다** [그리워하다] geu-ri-wo-ha-da v. miss

□ **질투** [질투] jil-tu n. jealousy

□ **갈등** [갈뜽] gal-ddeung **n.** trouble

□ **고민** [고민] go-min **n.** worry

□ **속이다** [소기다] so-gi-da **v.** trick, cheat

□ **거짓말** [거ː진말] geo-jin-mal **n.** lie

□ **배신** [배ː신] bae-sin **n.** betrayal

□ **헤어지다** [헤어지다] he-eo-ji-da **v.** break up

□ **이별** [이ː별] i-byeol **n.** farewell

□ **잊다** [읻따] it-dda **v.** forget

□ **미혼** [미ː혼] mi-hon **n.** single

□ **독신** [독씬] dok-ssin **n.** unmarried person

□ **청혼** [청혼] cheong-hon **n.** proposal

□ **약혼** [야콘] ya-kon **n.** engagement

□ **약혼식** [야콘식] ya-kon-sik
  n. engagement ceremony

□ **약혼자** [야콘자] ya-kon-ja **n.** fiancé, fiancée

□ **약혼녀** [야콘녀] ya-kon-nyeo **n.** fiancée

□ **결혼** [결혼] gyeol-hon **n.** marriage

□ **결혼식** [결혼식] gyeol-hon-sik
  n. wedding ceremony
  = **혼례** [홀례] hol-rye

□ **신랑** [실랑] sil-rang **n.** groom

□ **신부** [신부] sin-bu **n.** bride

□ **청첩장** [청첩짱] cheng-cheop-jjang
  n. wedding invitation

□ **결혼반지** [결혼반지] gyeol-hon-ban-ji
  n. wedding ring

□ **혼례복** [홀례복] hol-rye-bok

  n. wedding clothes

  = **예복** [예복] ye-bok

□ **웨딩드레스** [웨딩드레스] we-ding-deu-re-seu

  n. wedding dress

□ **면사포** [면:사포] myeon-sa-po n. veil

□ **부케** [부케] bu-ke n. bridal bouquet

□ **피로연** [피로연] pi-ro-yeon

  n. wedding reception

□ **결혼기념일** [결혼기념밀] gyeol-hon-gi-nyeo-mil

  n. wedding anniversary

□ **축하** [추카] chu-ka n. celebration

□ **신혼여행** [신혼녀행] sin-hon-nyeo-haeng

  n. honeymoon

☐ **부부** [부부] bu-bu **n.** married couple

☐ **남편** [남편] nam-pyeon **n.** husband

☐ **아내** [아내] a-nae **n.** wife

☐ **부인** [부인] bu-in **n.** wife, ma'am

☐ **배우자** [배:우자] bae-u-ja **n.** spouse

☐ **반려자** [발:려자] bal-ryeo-ja **n.** life partner

☐ **시부모** [시부모] si-bu-mo **n.** parents-in-law

☐ **시아버지** [시아버지] si-a-beo-ji
   n. father-in-law

☐ **시어머니** [시어머니] si-eo-meo-ni
   n. mother-in-law

☐ **처부모** [처부모] cheo-bu-mo
   n. parents-in-law

□ **장인** [장:인] jang-in **n.** father-in-law

□ **장모** [장:모] jang-mo **n.** mother-in-law

□ **시아주버니** [시아주버니] si-a-ju-beo-ni
n. brother-in-law

□ **시동생** [시동생] si-dong-saeng
n. brother-in-law

□ **시누이** [시누이] si-nu-i **n.** sister-in-law

□ **동서** [동서] dong-seo
n. brother-in-law, sister-in-law

□ **올케** [올케] ol-ke **n.** sister-in-law

□ **처남** [처남] cheo-nam **n.** brother-in-law

□ **처형** [처형] cheo-hyeong **n.** sister-in-law

□ **처제** [처제] cheo-je **n.** sister-in-law

□ **매부** [매부] mae-bu n. brother-in-law

□ **매형** [매형] mae-hyeong n. brother-in-law

□ **제부** [제:부] je-bu n. brother-in-law

☐ **가족** [가족] ga-jok **n.** family

☐ **식구** [식꾸] sik-ggu **n.** family member

☐ **부모** [부모] bu-mo **n.** parents

☐ **아버지** [아버지] a-beo-ji **n.** father

☐ **아빠** [아빠] a-bba **n.** dad

☐ **어머니** [어머니] eo-meo-ni **n.** mother

☐ **엄마** [엄마] eom-ma **n.** mom

☐ **조부모** [조부모] jo-bu-mo **n.** grandparents

☐ **할아버지** [하라버지] ha-ra-beo-ji
   n. grandfather

☐ **할머니** [할머니] hal-meo-ni **n.** grandmother

외조부모 [외:조부모/웨:조부모]

oe-jo-bu-mo/we-jo-bu-mo

n. mother's parents

외할아버지 [외:하라버지/웨:하라버지]

oe-ha-ra-beo-ji/we-ha-ra-beo-ji

n. grandfather on one's mother's side

06

외할머니 [외:할머니/웨:할머니]

oe-hal-meo-ni/we-hal-meo-ni

n. grandmother on one's mother's side

남매 [남매] nam-mae

n. sibling, brother and sister

형제 [형제] hyeong-je **n.** sibling, brother

자매 [자매] ja-mae **n.** sibling, sister

형 [형] hyeong **n.** elder brother

오빠 [오빠] o-bba **n.** elder brother

☐ **누나** [누:나] nu-na **n.** elder sister

☐ **언니** [언니] eon-ni **n.** elder sister

☐ **동생** [동생] dong-saeng
   n. younger brother, younger sister

☐ **남동생** [남동생] nam-dong-saeng
   n. younger brother

☐ **여동생** [여동생] yeo-dong-saeng
   n. younger sister

☐ **부부** [부부] bu-bu **n.** married couple

☐ **남편** [남편] nam-pyeon **n.** husband

☐ **아내** [아내] a-nae **n.** wife

☐ **자녀** [자녀] ja-nyeo **n.** child
   = **자식** [자식] ja-sik

□ **아들** [아들] a-deul **n.** son

□ **딸** [딸] ddal **n.** daughter

□ **사위** [사위] sa-wi **n.** son-in-law

□ **며느리** [며느리] myeo-neu-ri
   n. daughter-in-law

□ **손주** [손주] son-ju **n.** grandchild

□ **손자** [손자] son-ja **n.** grandson

□ **손녀** [손녀] son-nyeo **n.** granddaughter

□ **친척** [친척] chin-cheok **n.** relative

□ **삼촌** [삼촌] sam-chon **n.** uncle

□ **외삼촌** [외:삼촌/웨:삼촌] oe-sam-chon/we-sam-chon
   n. uncle

□ **고모** [고모] go-mo **n.** aunt

□ **이모** [이모] i-mo **n. aunt**

□ **숙모** [숭모] sung-mo **n. aunt**

□ **외숙모** [외:숭모/웨:숭모] oe-sung-mo/we-sung-mo
   n. aunt

□ **사촌** [사:촌] sa-chon **n. cousin**

□ **조카** [조카] jo-ka **n. nephew, niece**

□ **어른** [어:른] eo-reun **n. adult**
   = **성인** [성인] seong-in

□ **노인** [노:인] no-in **n. senior, elder**
   = **늙은이** [늘그니] neul-geu-ni

□ **청년** [청년] cheong-nyeon **n. youth**
   = **젊은이** [절므니] jeol-meu-ni

□ **청소년** [청소년] cheong-so-nyeon
   n. youth, teenager

72

□ **어린이** [어리니] eo-ri-ni **n. kid, child**
  = **아이** [아이] a-i

□ **아기** [아기] a-gi **n. baby**

□ **임신** [임:신] im-sin **n. pregnancy**

□ **임산부** [임:산부] im-san-bu **n. expecting mom**

□ **임부** [임:부] im-bu **n. pregnant woman**
  = **임신부** [임:신부] im-sin-bu

□ **산부** [산:부] san-bu **n. woman in childbirth**
  = **산모** [산:모] san-mo

□ **입덧** [입떧] ip-ddeot **n. morning sickness**

□ **출산** [출싼] chul-ssan **n. giving birth to**

□ **해산** [해:산] hae-san **n. childbirth**

□ **수유** [수유] su-yu **n. nursing**

□ **모유** [모ː유] mo-yu **n.** breast milk

□ **분유** [부뉴] bu-nyu **n.** powdered milk

□ **젖병** [젇뼝] jeot-bbyeong **n.** nursing bottle

□ **기저귀** [기저귀] gi-jeo-gwi **n.** diaper

□ **유모차** [유모차] yu-mo-cha
  n. stroller, baby carriage

□ **기르다** [기르다] gi-reu-da **v.** bring up, raise
  = **키우다** [키우다] ki-u-da
  = **양육하다** [양ː유카다] yang-yu-ka-da

□ **보살피다** [보살피다] bo-sal-pi-da
  v. take care of
  = **돌보다** [돌ː보다] dol-bo-da

□ **보모** [보ː모] bo-mo **n.** baby sitter

□ **유모** [유모] yu-mo **n.** nanny

□ **닮다** [담:따] dam-dda **v.** resemble

□ **입양** [이:방] i-byang **n.** adoption

□ **입양아** [이:방아] i-byang-a **n.** adopted child

□ **양자** [양:자] yang-ja **n.** adopted son

□ **양녀** [양:녀] yang-nyeo **n.** adopted daughter

□ **화목** [화목] hwa-mok **n.** harmony

□ **불화** [불화] bul-hwa **n.** discord

□ **동거** [동거] dong-geo **n.** cohabitation

□ **별거** [별거] byeol-geo **n.** separation

□ **이혼** [이:혼] i-hon **n.** divorce

□ **재혼** [재:혼] jae-hon **n.** remarriage

06

MP3. U07

☐ **시간** [시간] si-gan **n.** time, hour

☐ **때** [때] ddae **n.** the time, the moment

☐ **시각** [시각] si-gak **n.** time, hour

☐ **시** [시] si **n.** o'clock

☐ **분** [분] bun **n.** minute

☐ **초** [초] cho **n.** second

☐ **반(半)** [반:] ban **n.** half

☐ **시계** [시계/시게] si-gye/si-ge **n.** clock

☐ **손목시계** [손목씨계/손목씨게]
son-mok-ssi-gye/son-mok-ssi-ge **n.** watch

☐ **새벽** [새벽] sae-byeok **n.** dawn

□ **아침** [아침] a-chim **n.** morning, breakfast

□ **오전** [오:전] o-jeon **n.** morning, a.m.

□ **정오** [정:오] jeong-o **n.** noon

□ **낮** [낟] nat **n.** day time

□ **오후** [오:후] o-hu **n.** afternoon, p.m.

07

□ **점심** [점:심] jeom-sim **n.** lunch time, lunch

□ **저녁** [저녁] jeo-nyeok **n.** evening, dinner

□ **밤** [밤] bam **n.** night

□ **일어나다** [이러나다] i-reo-na-da **v.** get up
  = **기상하다** [기상하다] gi-sang-ha-da

□ **깨다** [깨:다] ggae-da **v.** wake up

□ **씻다** [씯따] ssit-dda **v.** wash

닦다 [닥따] dak-dda **v. wipe, dry**

세수 [세:수] se-su **n. washing one's face**

양치 [양치] yang-chi **n. tooth brushing**
= **양치질** [양치질] yang-chi-jil

양치하다 [양치하다] yang-chi-ha-da
v. brush one's teeth

이를 닦다 [이를 닥따] i-reul dak-dda
brush one's teeth

머리를 감다 [머리를 감:따] meo-ri-reul gam-dda
wash one's hair

샤워 [샤워] sya-wo **n. shower**

목욕 [모곡] mo-gyok **n. bath**

식사 [식싸] sik-ssa **n. meal**

□ **식사를 하다** [식싸를 하다] sik-ssa-reul ha-da
  have a meal
  = **밥을 먹다** [바블 먹따] ba-beul meok-dda

□ **아침 식사** [아침 식싸] a-chim sik-ssa breakfast

□ **점심 식사** [점:심 식싸] jeom-sim sik-ssa lunch

□ **저녁 식사** [저녁 식싸] jeo-nyeok sik-ssa dinner

□ **간식** [간:식] gan-sik n. snack

□ **자다** [자다] ja-da v. sleep

□ **졸다** [졸:다] jol-da v. nap

□ **잠** [잠] jam n. sleep
  = **수면** [수면] su-myeon

□ **불면증** [불면쯩] bul-myeon-jjeung n. insomnia

□ **꿈** [꿈] ggum n. dream

□ **낮잠** [낟짬] nat-jjam **n.** nap

□ **늦잠** [늗짬] neut-jjam **n.** oversleeping

□ **날짜** [날짜] nal-jja **n.** date

□ **그저께** [그저께] geu-jeo-gge
   n./ad. the day before yesterday

□ **어제** [어제] eo-je **n./ad.** yesterday

□ **오늘** [오늘] o-neul **n./ad.** today

□ **내일** [내일] nae-il **n./ad.** tomorrow

□ **모레** [모:레] mo-re
   n./ad. the day after tomorrow

□ **글피** [글피] geul-pi
   n. two days after tomorrow

□ **달력** [달력] dal-ryeok **n.** calendar

□ **양력** [양녁] yang-nyeok **n.** solar calendar

□ **음력** [음녁] eum-nyeok **n.** lunar calendar

□ **일(日)** [일] il **n./b.n.** day

□ **날** [날] nal **n./b.n.** day

□ **주(週)** [주] ju **n./b.n.** week
  = **주일** [주일] ju-il

□ **주말** [주말] ju-mal **n.** weekend

□ **요일** [요일] yo-il **n.** day of week

□ **월요일** [워료일] wo-ryo-il **n.** Monday

□ **화요일** [화요일] hwa-yo-il **n.** Tuesday

□ **수요일** [수요일] su-yo-il **n.** Wednesday

□ **목요일** [모교일] mo-gyo-il **n.** Thursday

□ **금요일** [그묘일] geu-myo-il **n.** Friday

□ **토요일** [토요일] to-yo-il **n.** Saturday

□ **일요일** [이료일] i-ryo-il **n.** Sunday

□ **월(月)** [월] wol **n./b.n.** month
  = **달** [달] dal

□ **1월** [이뤌] i-rwol **n.** January
  = **정월** [정월] jeong-wol

□ **2월** [이:월] i-wol **n.** February

□ **3월** [사뭘] sa-mwol **n.** March

□ **4월** [사:월] sa-wol **n.** April

□ **5월** [오:월] o-wol **n.** May

□ **6월** [유월] yu-wol **n.** June

□ **7월** [치뤌] chi-rwol **n.** July

□ **8월** [파뤌] pa-rwol **n.** August

□ **9월** [구월] gu-wol **n.** September

□ **10월** [시월] si-wol **n.** October

□ **11월** [시비뤌] si-bi-rwol **n.** November

□ **12월** [시비월] si-bi-wol **n.** December

□ **년(年)** [년] nyeon **b.n.** year

□ **연** [연] yeon **n.** year

□ **세기(世紀)** [세:기] se-gi **n.** century

□ **공휴일** [공휴일] gong-hyu-il **n.** public holiday

□ **국경일** [국꼉일] guk-ggyeong-il
   n. national holiday

□ **명절** [명절] myeong-jeol **n.** (national) holiday

설날 [설ː랄] seol-ral

n. Seollal, Korean New Year

삼일절 [사밀쩔] sa-mil-jjeol

n. Independence Movement Day

석가탄신일 [석까탄ː시닐] seok-gga-tan-si-nil

Buddha's Birthday

어린이날 [어리니날] eo-ri-ni-nal

n. Children's Day

추석 [추석] chu-seok

n. Chuseok, Korean Thanksgiving Day

광복절 [광복쩔] gwang-bok-jjeol

n. National Liberation Day

개천절 [개천절] gae-cheon-jeol

n. the National foundation Day of Korea

□ **한글날** [한:글랄] han-geul-ral

    n. Hangeul Proclamation Day

□ **성탄절** [성:탄절] seong-tan-jeol

    n. Christmas

    = **크리스마스** [크리스마스] keu-ri-seu-ma-seu

□ **부활절** [부:활쩔] bu-hwal-jjeol **n.** Easter

□ **추수감사절** [추수감사절] chu-su-gam-sa-jeol

    Thanksgiving Day

□ **생일** [생일] saeng-il **n.** birthday

□ **과거** [과:거] gwa-geo **n.** the past

□ **옛날** [옌:날] yen-nal **n.** the old days

□ **현재** [현:재] hyeon-jae **n./ad.** the present

□ **미래** [미:래] mi-rae **n.** the future

□ **요즈음** [요즈음] yo-jeu-eum **n.** these days

= **요즘** [요즘] yo-jeum

□ **최근** [최:근/췌:근] choe-geun/chwe-geun

n. the latest

☐ **날씨** [날씨] nal-ssi **n. weather**

☐ **일기예보** [일기예보] il-gi-ye-bo
weather forecast

☐ **맑다** [막따] mak-dda **a. fine, clear, sunny**

☐ **맑아지다** [말가지다] mal-ga-ji-da **v. brighten**

☐ **맑은 날씨** [말근 날씨] mal-geun nal-ssi **fine day**

☐ **개다** [개:다] gae-da **v. clear up**

☐ **따뜻하다** [따뜨타다] dda-ddeu-ta-da **a. warm**

☐ **덥다** [덥:따] deop-dda **a. hot**

☐ **더위** [더위] deo-wi **n. heat**

☐ **무덥다** [무덥따] mu-deop-dda **a. sweltering**

무더위 [무더위] mu-deo-wi
　　n. sweltering heat

폭염 [포겸] po-gyeom n. scorching heat
　= **불볕더위** [불볃떠위] bul-byeot-ddeo-wi

시원하다 [시원하다] si-won-ha-da a. cool

서늘하다 [서늘하다] seo-neul-ha-da
　　a. cool, chilly

쌀쌀하다 [쌀쌀하다] ssal-ssal-ha-da a. chilly

썰렁하다 [썰렁하다] sseol-reong-ha-da
　　a. chilly, cold without heat

춥다 [춥따] chup-dda a. cold

추위 [추위] chu-wi n. the cold

꽃샘추위 [꼳쌤추위] ggot-ssaem-chu-wi
　　n. the last cold snap

□ **하늘** [하늘] ha-neul **n.** sky

□ **해** [해] hae **n.** sun
   = **태양** [태양] tae-yang

□ **햇빛** [해삗/핻삗] hae-bbit/haet-bbit **n.** sunshine
   = **햇볕** [해뼏/핻뼏] hae-bbyeot/haet-bbyeot

□ **구름** [구름] gu-reum **n.** cloud

□ **먹구름** [먹꾸름] meok-ggu-reum
   n. dark clouds

□ **흐리다** [흐리다] heu-ri-da **a.** cloudy

□ **궂다** [굳따] gut-dda **a.** (the weather is) bad

□ **바람** [바람] ba-ram **n.** wind

□ **산들바람** [산들바람] san-deul-ba-ram **n.** breeze

□ **강풍** [강풍] gang-pung **n.** strong wind

= **센바람** [센:바람] sen-ba-ram

□ **가뭄** [가뭄] ga-mum **n.** drought

□ **건조하다** [건조하다] geon-jo-ha-da **a./v.** dry

□ **안개** [안:개] an-gae **n.** fog

□ **비** [비] bi **n.** rain

□ **빗방울** [비빵울/빋빵울] bi-bbang-ul/bit-bbang-ul
n. raindrop

□ **강수량** [강:수량] gang-su-ryang **n.** rainfall

□ **소나기** [소나기] so-na-gi **n.** shower

□ **이슬비** [이슬비] i-seul-bi **n.** drizzle

□ **가랑비** [가랑비] ga-rang-bi **n.** drizzle

□ **장마** [장마] jang-ma **n.** rainy season

□ **홍수** [홍수] hong-su **n.** flood

□ **우산** [우:산] u-san **n.** umbrella

□ **양산** [양산] yang-san **n.** parasol

□ **태풍** [태풍] tae-pung **n.** typhoon

□ **허리케인** [허리케인] heo-ri-ke-in **n.** hurricane

□ **폭풍** [폭풍] pok-pung **n.** storm

□ **천둥** [천둥] cheon-dung **n.** thunder

□ **벼락** [벼락] byeo-rak **n.** thunderbolt

□ **번개** [번개] beon-gae **n.** lightning

□ **이슬** [이슬] i-seul **n.** dew

□ **우박** [우:박] u-bak **n.** hail

□ **서리** [서리] seo-ri **n.** frost

□ **동상** [동:상] dong-sang **n.** frostbite

□ **얼음** [어름] eo-reum **n.** ice

□ **공기** [공기] gong-gi **n.** air
= **대기** [대:기] dae-gi

□ **계절** [계:절/게:절] gye-jeol/ge-jeol **n.** season

□ **봄** [봄] bom **n.** spring

□ **황사** [황사] hwang-sa **n.** yellow dust

□ **미세먼지** [미세먼지] mi-se-meon-ji fine dust

□ **무지개** [무지개] mu-ji-gae **n.** rainbow

□ **씨** [씨] ssi **n.** seed
= **씨앗** [씨앋] ssi-at

□ **싹트다** [싹트다] ssak-teu-da **v.** sprout, shoot

꽃봉오리 [꼳뽕오리] ggot-bbong-o-ri
n. flower bud

여름 [여름] yeo-reum n. summer

눅눅하다 [눙누카다] nung-nu-ka-da
a. humid, damp

습하다 [스파다] seu-pa-da a. humid, soggy

습기 [습끼] seup-ggi n. moisture, humidity

열사병 [열싸뼝] yeol-ssa-bbyeong
n. heatstroke

열대야 [열때야] yeol-ddae-ya n. tropical night

가을 [가을] ga-eul n. fall, autumn

단풍 [단풍] dan-pung n. autumnal tints

단풍나무 [단풍나무] dan-pung-na-mu n. maple

94

□ 은행나무 [은행나무] eun-haeng-na-mu
   n. ginkgo

□ 낙엽 [나겹] na-gyeop **n.** fallen leaves

□ 추수 [추수] chu-su **n.** harvest
   = 수확 [수확] su-hwak

□ 겨울 [겨울] gyeo-ul **n.** winter

□ 눈 [눈:] nun **n.** snow

□ 눈송이 [눈:쏭이] nun-ssong-i **n.** snowflake

□ 눈사람 [눈:싸람] nun-ssa-ram **n.** snowman

□ 눈싸움 [눈:싸움] nun-ssa-um **n.** snowball fight

□ 온도 [온도] on-do **n.** temperature
   = 기온 [기온] gi-on

08

□ **섭씨** [섭씨] seop-ssi **n.** Celsius, centigrade

□ **화씨** [화씨] hwa-ssi **n.** Fahrenheit

□ **영상** [영상] yeong-sang **n.** above zero

□ **영하** [영하] yeong-ha **n.** below zero

□ **기후** [기후] gi-hu **n.** climate

□ **기압** [기압] gi-ap **n.** atmospheric pressure

□ **고기압** [고기압] go-gi-ap
n. high atmospheric pressure

□ **저기압** [저:기압] jeo-gi-ap
n. low atmospheric pressure

□ **지구온난화** [지구온난화] ji-gu-on-nan-hwa
global warming

□ **자외선** [자:외선/자:웨선] ja-oe-seon/ja-we-seon

   n. ultraviolet rays

□ **적외선** [저괴선/저궤선] jeo-goe-seon/jeo-gwe-seon

   n. infrared rays

Animals & Plants
동물 & 식물 dong-mul & sing-mul

MP3. U09

☐ **동물** [동:물] dong-mul **n.** animal

☐ **반려동물** [발:려동물] bal-ryeo-dong-mul **n.** pet

☐ **사육하다** [사유카다] sa-yu-ka-da **v.** breed, raise
= **기르다** [기르다] gi-reu-da

☐ **털** [털] teol **n.** fur

☐ **모피** [모피] mo-pi **n.** fur and skin, leather

☐ **털가죽** [털가죽] teol-ga-juk **n.** fur and skin

☐ **꼬리** [꼬리] ggo-ri **n.** tail

☐ **갈기** [갈:기] gal-gi **n.** mane

☐ **발** [발] bal **n.** paw

☐ **발톱** [발톱] bal-top **n.** claw

□ **할퀴다** [할퀴다] hal-kwi-da **v.** scratch, claw

□ **물다** [물다] mul-da **v.** bite
  = **깨물다** [깨물다] ggae-mul-da

□ **짖다** [진따] jit-dda **v.** bark

□ **으르렁거리다** [으르렁거리다]
  eu-reu-reong-geo-ri-da **v.** growl, roar

□ **개** [개ː] gae **n.** dog, canine

□ **강아지** [강아지] gang-a-ji **n.** puppy

09

□ **멍멍** [멍멍] meong-meong **ad.** bow-wow

□ **고양이** [고양이] go-yang-i **n.** cat, feline

□ **야옹야옹** [야옹냐옹] ya-ong-nya-ong
  ad. mew, meow

☐ **소** [소] so n. cattle

☐ **송아지** [송아지] song-a-ji n. calf

☐ **황소** [황소] hwang-so n. bull, ox

☐ **암소** [암소] am-so n. cow

☐ **젖소** [젇쏘] jeot-sso n. milk cow

☐ **한우** [하:누] ha-nu n. Korean native cattle

☐ **염소** [염소] yeom-so n. goat

☐ **돼지** [돼:지] dwae-ji n. pig

☐ **토끼** [토끼] to-ggi n. rabbit

☐ **양** [양] yang n. lamb, sheep

☐ **말** [말] mal n. horse

☐ **망아지** [망아지] mang-a-ji n. foal

□ **조랑말** [조랑말] jo-rang-mal **n.** pony

□ **얼룩말** [얼룽말] eol-rung-mal **n.** zebra

□ **사자** [사자] sa-ja **n.** lion

□ **호랑이** [호:랑이] ho-rang-i **n.** tiger

□ **곰** [곰:] gom **n.** bear

□ **여우** [여우] yeo-u **n.** fox

□ **늑대** [늑때] neuk-ddae **n.** wolf
　= **이리** [이리] i-ri

□ **원숭이** [원:숭이] won-sung-i **n.** monkey

□ **침팬지** [침팬지] chim-paen-ji **n.** chimpanzee

□ **고릴라** [고릴라] go-ril-ra **n.** gorilla

□ **오랑우탄** [오랑우탄] o-rang-u-tan **n.** orangutan

09

□ **코끼리** [코끼리] ko-ggi-ri **n.** elephant

□ **기린** [기린] gi-rin **n.** giraffe

□ **하마** [하마] ha-ma **n.** hippopotamus

□ **사슴** [사슴] sa-seum **n.** deer

□ **꽃사슴** [꼳싸슴] ggot-ssa-seum
　n. Formosan deer

□ **순록** [술록] sul-rok **n.** reindeer

□ **코뿔소** [코뿔쏘] ko-bbul-sso **n.** rhinoceros

□ **너구리** [너구리] neo-gu-ri **n.** raccoon

□ **두더지** [두더지] du-deo-ji **n.** mole

□ **쥐** [쥐] jwi **n.** mouse, rat

□ **생쥐** [생:쥐] saeng-jwi **n.** mouse

□ **햄스터** [햄스터] haem-seu-teo **n. hamster**

□ **다람쥐** [다람쥐] da-ram-jwi
  n. squirrel, chipmunk

□ **박쥐** [박:쥐] bak-jjwi **n. bat**

□ **고래** [고래] go-rae **n. whale**

□ **돌고래** [돌고래] dol-go-rae **n. dolphin**

□ **새** [새:] sae **n. bird**

□ **날개** [날개] nal-gae **n. wing**

□ **깃털** [긷털] git-teol **n. feather**

□ **부리** [부리] bu-ri **n. bill, beak**

□ **날다** [날다] nal-da **v. fly**

□ **알** [알] al **n. egg**

09

□ **품다** [품:따] pum-dda **v.** incubate

□ **둥지** [둥지] dung-ji **n.** nest
  = **보금자리** [보금자리] bo-geum-ja-ri

□ **닭** [닥] dak **n.** chicken

□ **암탉** [암탁] am-tak **n.** hen

□ **수탉** [수탁] su-tak **n.** rooster, cock

□ **병아리** [병아리] byeong-a-ri **n.** chick

□ **오리** [오:리] o-ri **n.** duck

□ **거위** [거위] geo-wi **n.** goose

□ **참새** [참새] cham-sae **n.** sparrow

□ **비둘기** [비둘기] bi-dul-gi **n.** dove, pigeon

□ **까마귀** [까마귀] gga-ma-gwi **n.** crow

□ **독수리** [독쑤리] dok-ssu-ri **n.** eagle

□ **매** [매:] mae **n.** hawk, falcon

□ **갈매기** [갈매기] gal-mae-gi **n.** seagull

□ **제비** [제:비] je-bi **n.** swallow

□ **칠면조** [칠면조] chil-myeon-jo **n.** turkey

□ **공작** [공:작] gong-jak **n.** peacock

□ **타조** [타:조] ta-jo **n.** ostrich

09

□ **부엉이** [부엉이] bu-eong-i **n.** owl

□ **올빼미** [올빼미] ol-bbae-mi **n.** owl

□ **펭귄** [펭귄] peng-gwin **n.** penguin

□ **물고기** [물꼬기] mul-ggo-gi **n.** fish

□ **아가미** [아가미] a-ga-mi **n.** gill

□ **지느러미** [지느러미] ji-neu-reo-mi **n.** fin

□ **비늘** [비늘] bi-neul **n.** scale

□ **헤엄치다** [헤엄치다] he-eom-chi-da **v.** swim

□ **열대어** [열때어] yeol-ddae-eo **n.** tropical fish

□ **금붕어** [금붕어] geum-bung-eo **n.** goldfish

□ **어항** [어항] eo-hang **n.** fish bowl

□ **상어** [상어] sang-eo **n.** shark

□ **문어** [무너] mu-neo **n.** octopus

□ **오징어** [오징어] o-jing-eo **n.** squid

□ **가오리** [가오리] ga-o-ri **n.** ray

□ **뱀장어** [뱀:장어] baem-jang-eo **n.** eel
   = **장어** [장어] jang-eo

□ **거북** [거북] geo-buk **n.** turtle

□ **악어** [아거] a-geo **n.** crocodile, alligator

□ **용** [용] yong **n.** dragon

□ **뱀** [뱀:] baem **n.** snake

□ **도마뱀** [도마뱀] do-ma-baem **n.** lizard

□ **개구리** [개구리] gae-gu-ri **n.** frog

□ **올챙이** [올챙이] ol-chaeng-i **n.** tadpole

09

□ **곤충** [곤충] gon-chung **n.** insect, bug

□ **벌레** [벌레] beol-re **n.** worm

□ **더듬이** [더드미] deo-deu-mi **n.** antenna

□ **벌** [벌:] beol **n.** bee

□ **꿀벌** [꿀벌] ggul-beol **n.** honeybee

□ **말벌** [말벌] mal-beol **n.** hornet

□ **나비** [나비] na-bi **n.** butterfly

□ **잠자리** [잠자리] jam-ja-ri **n.** dragonfly

□ **개미** [개ː미] gae-mi **n.** ant

□ **파리** [파ː리] pa-ri **n.** fly

□ **모기** [모ː기] mo-gi **n.** mosquito

□ **바퀴벌레** [바퀴벌레] ba-kwi-beol-re
n. cockroach

□ **딱정벌레** [딱쩡벌레] ddak-jjeong-beol-re
n. beetle

□ **거미** [거미] geo-mi **n.** spider

□ **식물** [싱물] sing-mul **n.** plant

□ **심다** [심:따] sim-dda **v.** plant

□ **가지** [가지] ga-ji **n.** branch

□ **줄기** [줄기] jul-gi **n.** stem

□ **잎** [입] ip **n.** leaf

□ **뿌리** [뿌리] bbu-ri **n.** root

□ **나무** [나무] na-mu **n.** tree

□ **풀** [풀] pul **n.** grass

□ **잔디** [잔디] jan-di **n.** lawn, grass

□ **잡초** [잡초] jap-cho **n.** weed

□ **꽃** [꼳] ggot **n.** flower

□ **꽃잎** [꼰닙] ggon-nip **n.** petal

09

□ **피다** [피다] pi-da **v. bloom**

□ **열매** [열매] yeol-mae **n. fruit**

□ **맺다** [맫따] maet-dda **v. bear**

□ **장미** [장미] jang-mi **n. rose**

□ **무궁화** [무궁화] mu-gung-hwa
  n. rose of Sharon

□ **튤립** [튤립] tyul-rip **n. tulip**

□ **해바라기** [해바라기] hae-ba-ra-gi **n. sunflower**

□ **민들레** [민들레] min-deul-re **n. dandelion**

□ **백합** [배캅] bae-kap **n. lily**

□ **데이지** [데이지] de-i-ji **n. daisy**

□ **붓꽃** [붇꼳] but-ggot **n. iris**

□ **벚꽃** [벋꼳] beot-ggot **n.** cherry blossom

□ **수선화** [수선화] su-seon-hwa **n.** narcissus

□ **난** [난] nan **n.** orchid
  = **난초** [난초] nan-cho

□ **나팔꽃** [나팔꼳] na-pal-ggot **n.** morning-glory

□ **개나리** [개:나리] gae-na-ri **n.** forsythia

□ **진달래** [진달래] jin-dal-rae **n.** azalea

09

☐ **집** [집] jip **n.** house, home

☐ **가정** [가정] ga-jeong **n.** home

☐ **방** [방] bang **n.** room

☐ **안방** [안빵] an-bbang **n.** main room

☐ **작은방** [자근방] ja-geun-bang
n. second room, small room

☐ **침실** [침:실] chim-sil **n.** bed room

☐ **서재** [서재] seo-jae **n.** study (room), den

☐ **거실** [거실] geo-sil **n.** living room

☐ **부엌** [부억] bu-eok **n.** kitchen
= **주방** [주방] ju-bang

☐ **식당** [식땅] sik-ddang **n.** dining room

112

□ **욕실** [욕씰] yok-ssil **n.** bathroom

□ **화장실** [화장실] hwa-jang-sil
   n. toilet, restroom

□ **문** [문] mun **n.** door

□ **열다** [열:다] yeol-da **v.** open

□ **닫다** [닫따] dat-dda **v.** close

□ **창문** [창문] chang-mun **n.** window

□ **커튼** [커튼] keo-teun **n.** curtain

□ **발코니** [발코니] bal-ko-ni **n.** balcony

□ **베란다** [베란다] be-ran-da **n.** veranda, porch

□ **마당** [마당] ma-dang **n.** yard

□ **정원** [정원] jeong-won **n.** garden
   = **뜰** [뜰] ddeul

10

□ **텃밭** [터빧/턷빧] teo-bbat/tteot-bbat

　　n. vegetable garden

□ **울타리** [울타리] ul-ta-ri **n.** fence

□ **현관** [현관] hyeon-gwan **n.** entrance

□ **초인종** [초인종] cho-in-jong **n.** doorbell

□ **열쇠** [열:쐬/열:쒜] yeol-ssoe/yeol-sswe **n.** key

□ **자물쇠** [자물쐬/자물쒜] ja-mul-ssoe/ja-mul-sswe

　　n. lock

□ **천장** [천장] cheon-jang **n.** ceiling

□ **벽** [벽] byeok **n.** wall

□ **바닥** [바닥] ba-dak **n.** floor
　= **마루** [마루] ma-ru

□ **온돌** [온돌] on-dol

　　n. Korean floor heating system

□ **다락** [다락] da-rak **n.** attic

□ **창고** [창고] chang-go **n.** strorage

□ **지하실** [지하실] ji-ha-sil **n.** basement

□ **차고** [차고] cha-go **n.** garage

□ **주차장** [주:차장] ju-cha-jang
   n. parking lot, car park

□ **층** [층] cheung **n.** floor, story

□ **계단** [계단/게단] gye-dan/ge-dan **n.** stair

□ **엘리베이터** [엘리베이터] el-ri-be-i-teo
   n. elevator
   = **승강기** [승강기] seung-gang-gi

□ **지붕** [지붕] ji-bung **n.** roof

□ **굴뚝** [굴:뚝] gul-dduk **n.** chimney

10

□ **가구** [가구] ga-gu **n.** furniture

□ **침대** [침:대] chim-dae **n.** bed

□ **옷장** [옫짱] ot-jjang **n.** wardrobe

□ **벽장** [벽짱] byeok-jjang **n.** closet

□ **붙박이장** [붇빠기장] but-bba-gi-jang
   n. built-in wardrobe

□ **옷걸이** [옫꺼리] ot-ggeo-ri **n.** hanger

□ **서랍장** [서랍짱] seo-rap-jjang
   n. bureau, chest of drawers

□ **서랍** [서랍] seo-rap **n.** drawer

□ **의자** [의자] ui-ja **n.** chair

□ **안락의자** [알라긔자/알라기자] al-ra-gui-ja/al-ra-gi-ja
   n. easy chair

□ **흔들의자** [흔드리자/흔드리자]
   heun-deu-rui-ja/heun-deu-ri-ja **n.** rocking chair

□ **소파** [소파] so-pa **n.** sofa

□ **탁자** [탁짜] tak-jja **n.** table
   = **테이블** [테이블] te-i-beul

□ **식탁** [식탁] sik-tak **n.** dining table

□ **화장대** [화장대] hwa-jang-dae
   n. dressing table, vanity

□ **거울** [거울] geo-ul **n.** mirror

□ **전등** [전ː등] jeon-deung **n.** electric light

□ **텔레비전** [텔레비전] tel-re-bi-jeon
   n. television, TV
   = **티브이** [티브이] ti-beu-i

□ **책상** [책쌍] chaek-ssang **n.** desk

10

□ **책장** [책짱] chaek-jjang **n.** bookcase

□ **책꽂이** [책꼬지] chaek-ggo-ji **n.** bookshelves

□ **장식장** [장식짱] jang-sik-jjang **n.** cabinet

□ **진열장** [지:녈짱] ji-nyeol-jjang **n.** showcase

□ **선반** [선반] seon-ban **n.** shelf

□ **전기 레인지** [전기 레인지] jeon-gi re-in-ji
electric range

□ **가스레인지** [가스레인지] ga-seu-re-in-ji
n. gas range

□ **전자레인지** [전자레인지] jeon-ja-re-in-ji
n. microwave oven

□ **오븐** [오븐] o-beun **n.** oven

□ **냉장고** [냉:장고] naeng-jang-go **n.** refrigerator

□ **김치냉장고** [김치냉:장고] gim-chi-naeng-jang-go
n. kimchi refrigerator

□ **냉동고** [냉:동고] naeng-dong-go n. freezer

□ **믹서** [믹써] mik-sseo n. blender

□ **토스터** [토스터] to-seu-teo n. toaster

□ **싱크대** [싱크대] sing-keu-dae n. sink
= **개수대** [개수대] gae-su-dae

□ **수세미** [수세미] su-se-mi n. loofah sponge

□ **행주** [행주] haeng-ju n. dishtowel, tea towel

□ **식기세척기** [식끼세척끼] sik-ggi-se-cheok-ggi
n. dishwasher

□ **욕조** [욕쪼] yok-jjo n. bathtub

□ **샤워기** [샤워기] sya-wo-gi n. shower

□ **세면대** [세:면대] se-myeon-dae **n.** washstand

□ **수도꼭지** [수도꼭찌] su-do-ggok-jji **n.** tap

□ **변기** [변기] byeon-gi **n.** toilet bowl

□ **쓰레기통** [쓰레기통] sseu-re-gi-tong
  n. wastebasket, trashcan
  = **휴지통** [휴지통] hyu-ji-tong

□ **청소** [청소] cheong-so **n.** cleaning

□ **청소기** [청소기] cheong-so-gi **n.** cleaner

□ **진공청소기** [진공청소기] jin-gong-cheong-so-gi
  n. vaccuum cleaner

□ **빗자루** [비짜루/빋짜루] bi-jja-ru/bit-jja-ru
  n. broom
  = **비** [비] bi

□ **쓰레받기** [쓰레받끼] sseu-re-bat-ggi **n.** dustpan

□ **걸레** [걸레] geol-re **n. rag**

□ **걸레질** [걸레질] geol-re-jil **n. mopping**

□ **빨래** [빨래] bbal-rae
　n. laundry, doing the clothes
　= **세탁** [세:탁] se-tak

□ **세탁기** [세:탁끼] se-tak-ggi
　n. washing machine

□ **의류 건조기** [의류 건조기] ui-ryu geon-jo-gi
　clothes dryer

□ **공기청정기** [공기청정기] gong-gi-cheong-jeong-gi
　air cleaner

Clothes
옷 ot

□ **옷** [옫] ot **n.** clothes

□ **의류** [의류] ui-ryu **n.** clothing

□ **입다** [입따] ip-dda **v.** wear, put on

□ **걸치다** [걸:치다] geol-chi-da **v.** wear, slip on

□ **쓰다** [쓰다] sseu-da **v.** wear, put on

□ **신다** [신:따] sin-dda **v.** wear, put on

□ **한복** [한:복] han-bok **n.** Hanbok,
Korean traditional clothes

□ **저고리** [저고리] jeo-go-ri
n. Jeogori, Korean traditional jacket

□ **두루마기** [두루마기] du-ru-ma-gi
n. Durumagi, Korean traditional coat

□ **마고자** [마고자] ma-go-ja

  n. Magoja, Korean traditional
  outerwear for men

□ **배자** [배:자] bae-ja

  n. Korean traditional vest for women

□ **양복** [양복] yang-bok **n.** suit

□ **바지** [바지] ba-ji **n.** pants, trousers

□ **반바지** [반:바지] ban-ba-ji **n.** shorts

□ **청바지** [청바지] cheong-ba-ji **n.** jeans

□ **치마** [치마] chi-ma **n.** skirt
  = **스커트** [스커트] seu-keo-teu

□ **미니스커트** [미니스커트] mi-ni-seu-keo-teu

  n. miniskirt
  = **짧은 치마** [짤븐 치마] jjal-beun chi-ma

□ **원피스** [원피스] won-pi-seu **n.** dress

□ **투피스** [투피스] tu-pi-seu **n.** two-piece suit
(for women's clothes)

□ **셔츠** [셔츠] syeo-cheu **n.** shirt

□ **와이셔츠** [와이셔츠] wa-i-syeo-cheu
n. dress shirt

□ **티셔츠** [티셔츠] ti-syeo-cheu **n.** T-shirt

□ **폴로셔츠** [폴로셔츠] pol-ro-syeo-cheu
n. polo shirt

□ **블라우스** [블라우스] beul-ra-u-seu **n.** blouse

□ **스웨터** [스웨터] seu-we-teo **n.** sweater

□ **니트** [니트] ni-teu **n.** knit

□ **카디건** [카디건] ka-di-geon **n.** cardigan

□ **조끼** [조끼] jo-ggi **n.** vest

□ **재킷** [재킫] jae-kit **n.** jacket

□ **점퍼** [점퍼] jeom-peo **n.** jumper
  = **잠바** [잠바] jam-ba

□ **패딩 점퍼** [패딩 점퍼] pae-ding jeom-peo
  padded jumper

□ **외투** [외:투/웨:투] oe-tu/we-tu **n.** overcoat
  = **코트** [코트] ko-teu
  = **겉옷** [거돋] geo-dot

□ **반코트** [반:코트] ban-ko-teu
  n. half-length coat

□ **속옷** [소:곧] so-got **n.** underwear
  = **내의** [내:의/내:이] nae-ui/nae-i
  = **내복** [내:복] nae-bok

11

125

□ **팬티** [팬티] paen-ti **n. briefs, underpants**

□ **러닝셔츠** [러닝셔츠] reo-ning-syeo-cheu
  n. undershirt
  = **러닝** [러닝] reo-ning
  = **런닝** [런닝] reon-ning

□ **란제리** [란제리] ran-je-ri **n. lingerie**

□ **브래지어** [브래지어] beu-rae-ji-eo **n. brassiere**

□ **잠옷** [자몯] ja-mot **n. pajamas**

□ **우비** [우:비] u-bi
  **n. things for rain: raincoat, umbrella
  and so on**

□ **비옷** [비옫] bi-ot **n. raincoat**
  = **우의** [우:의/우:이] u-ui/u-i
  = **레인코트** [레인코트] re-in-ko-teu

□ **운동복** [운·동복] un-dong-bok **n. sportswear**

  = **체육복** [체육뽁] che-yuk-bbok

  = **추리닝** [추리닝] chu-ri-ning

□ **수영복** [수영복] su-yeong-bok **n. swimsuit**

□ **비키니** [비키니] bi-ki-ni **n. bikini**

□ **장화** [장화] jang-hwa **n. rubber boots**

□ **목도리** [목또리] mok-ddo-ri **n. muffler**

  = **머플러** [머플러] meo-peul-reo

□ **스카프** [스카프] seu-ka-peu **n. scarf**

□ **숄** [숄] syol **n. shawl**

□ **멜빵** [멜·빵] mel-bbang **n. suspenders**

□ **허리띠** [허리띠] heo-ri-ddi **n. belt**

  = **벨트** [벨트] bel-teu

□ **장갑** [장:갑] jang-gap **n.** gloves

□ **벙어리장갑** [벙어리장갑] beong-eo-ri-jang-gap
n. mittens

□ **모자** [모자] mo-ja **n.** cap, hat

□ **귀마개** [귀마개] gwi-ma-gae **n.** earmuffs

□ **넥타이** [넥타이] nek-ta-i **n.** necktie

□ **나비넥타이** [나비넥타이] na-bi-nek-ta-i
n. bow tie

□ **양말** [양말] yang-mal **n.** socks

□ **스타킹** [스타킹] seu-ta-king **n.** stocking

□ **레깅스** [레깅스] re-ging-seu **n.** leggings

□ **신발** [신발] sin-bal **n.** shoes
= **신** [신] sin

□ **구두** [구두] gu-du **n.** dress shoes

□ **운동화** [운동화] un-dong-hwa **n.** sneakers

□ **부츠** [부츠] bu-cheu **n.** boots

□ **하이힐** [하이힐] ha-i-hil **n.** high heels

□ **단화** [단:화] dan-hwa **n.** loafers

□ **샌들** [샌들] saen-deul **n.** sandals

□ **가락 신** [가락 신] ga-rak sin flip-flops

□ **슬리퍼** [슬리퍼] seul-ri-peo **n.** slippers

□ **실내화** [실래화] sil-rae-hwa
   n. shoes for inside

□ **고무신** [고무신] go-mu-sin **n.** rubber shoes

□ **안경** [안:경] an-gyeong **n.** glasses

선글라스 [선글라스] seon-geul-ra-seu
n. sunglasses
= **색안경** [새간경] sae-gan-gyeong

가방 [가방] ga-bang n. bag

핸드백 [핸드백] haen-deu-baek n. handbag

숄더백 [숄더백] syol-deo-baek n. shoulder bag

배낭 [배:낭] bae-nang n. backpack

책가방 [책까방] chak-gga-bang n. school bag

트렁크 [트렁크] teu-reong-keu
n. suitcase, trunk

지갑 [지갑] ji-gap n. wallet, purse

액세서리 [액세서리] aek-se-seo-ri n. accessory
= **장식물** [장싱물] jang-sing-mul

□ **장신구** [장신구] jang-sin-gu **n.** jewel

□ **목걸이** [목꺼리] mok-ggeo-ri **n.** necklace

□ **팔찌** [팔찌] pal-jji **n.** bracelet

□ **귀걸이** [귀거리] gwi-geo-ri **n.** earrings

□ **반지** [반지] ban-ji **n.** ring

□ **브로치** [브로치] beu-ro-chi **n.** brooch

□ **머리핀** [머리핀] meo-ri-pin **n.** hairpin

□ **머리띠** [머리띠] meo-ri-ddi **n.** hairband

□ **옷깃** [옫낃] ot-ggit **n.** collar
   = **칼라** [칼라] kal-ra

□ **터틀넥** [터틀넥] teo-teul-nek **n.** turtleneck

□ **브이넥** [브이넥] beu-i-nek **n.** V-neck

11

□ **소매** [소매] so-mae **n.** sleeve

□ **긴소매** [긴:소매] gin-so-mae **n.** long sleeves
 = **긴팔** [긴:팔] gin-pal

□ **반소매** [반:소매] ban-so-mae **n.** short sleeves
 = **반팔** [반:팔] ban-pal

□ **민소매** [민소매] min-so-mae **n.** sleeveless

□ **호주머니** [호주머니] ho-ju-meo-ni **n.** pocket
 = **주머니** [주머니] ju-meo-ni

□ **지퍼** [지퍼] ji-peo **n.** zipper

□ **단추** [단추] dan-chu **n.** button

□ **단춧구멍** [단추꾸멍/단춛꾸멍]
 dan-chu-ggu-meong/dan-chut-ggu-meong

 n. button hole

132

□ 천 [천:] cheon **n. cloth, fabric**

= **옷감** [옫깜] ot-ggam

□ 면 [면] myeon **n. cotton**

□ 비단 [비:단] bi-dan **n. silk**

= **실크** [실크] sil-keu

□ 삼베 [삼베] sam-be **n. hemp cloth**

□ 모시 [모시] mo-si **n. ramie cloth**

□ 모직 [모직] mo-jik **n. wool**

□ 가죽 [가죽] ga-juk **n. leather**

□ **합성 섬유** [합썽 서뮤] hap-sseong seo-myu
synthetic fiber

□ 줄무늬 [줄무니] jul-mu-ni **n. stripes**

□ 체크무늬 [체크무니] che-keu-mu-ni **n. checkers**

□ **격자무늬** [격짜무늬] gyeok-jja-mu-ni **n.** plaid

□ **꽃무늬** [꼰무늬] ggon-mu-ni **n.** flower-print

□ **물방울무늬** [물빵울무늬] mul-bbang-ul-mu-ni
n. polka dots

□ **민무늬** [민무늬] min-mu-ni **n.** plain

□ **유행** [유행] yu-haeng
n. fashion, trend, vogue

□ **세련되다** [세:련되다/세:련뒈다]
se-ryeon-doe-da/se-ryeon-dwe-da
a. polished, chic

□ **촌스럽다** [촌:쓰럽따] chon-sseu-reop-dda
a. countrified

11

☐ **음식** [음:식] eum-sik **n.** food

☐ **요리** [요리] yo-ri **n.** dish, cooking

☐ **식사** [식싸] sik-ssa **n.** meal
  = **끼니** [끼니] ggi-ni

☐ **먹다** [먹따] meok-dda **v.** eat, have

☐ **요리하다** [요리하다] yo-ri-ha-da **v.** cook
  = **조리하다** [조리하다] jo-ri-ha-da

☐ **고기** [고기] go-gi **n.** meat

☐ **소고기** [소고기] so-go-gi **n.** beef

☐ **돼지고기** [돼:지고기] dwae-ji-go-gi **n.** pork

☐ **닭고기** [닥꼬기] dak-ggo-gi **n.** chicken

☐ **양고기** [양고기] yang-go-gi **n.** lamb, mutton

☐ **오리고기** [오:리고기] o-ri-go-gi **n.** duck meat

☐ **해산물** [해:산물] hae-san-mul **n.** seafood
= **해물** [해:물] hae-mul

☐ **생선** [생선] saeng-seon **n.** fish

☐ **멸치** [멸치] myeol-chi **n.** anchovy

☐ **연어** [여너] yeo-neo **n.** salmon

☐ **참다랑어** [참다랑어] cham-da-rang-eo **n.** tuna
= **참치** [참치] cham-chi

☐ **고등어** [고등어] go-deung-eo **n.** mackerel

☐ **갈치** [갈치] gal-chi **n.** hairtail, cutlassfish

☐ **대구** [대구] dae-gu **n.** cod

☐ **도미** [도:미] do-mi **n.** snapper

☐ **오징어** [오징어] o-jing-eo **n.** squid

12

137

□ **문어** [무너] mu-neo **n. octopus**

□ **새우** [새우] sae-u **n. shrimp, prawn**

□ **게** [게ː] ge **n. crab**

□ **꽃게** [꼳께] ggot-gge **n. blue crab**

□ **가재** [가ː재] ga-jae **n. crawfish, crayfish**

□ **바닷가재** [바다까재/바닫까재]
  ba-da-gga-jae/ba-dat-gga-jae **n. lobster**
  = **랍스터** [랍쓰터] rap-sseu-teo

□ **조개** [조개] jo-gae **n. clam**

□ **굴** [굴] gul **n. oyster**

□ **전복** [전복] jeon-bok **n. abalone**

□ **홍합** [홍합] hong-hap **n. mussel**

□ **꼬막** [꼬막] ggo-mak **n. cockle**

□ **김** [김:] gim n. seeweed

□ **곡물** [공물] gong-mul n. grain

□ **쌀** [쌀] ssal n. rice

□ **밥** [밥] bap n. rice

□ **찹쌀** [찹쌀] chap-ssal n. glutinous rice

□ **보리** [보리] bo-ri n. barley

□ **콩** [콩] kong n. bean

□ **대두** [대:두] dae-du n. soybean

□ **완두콩** [완두콩] wan-du-kong n. pea

□ **강낭콩** [강낭콩] gang-nang-kong
  n. kidney bean

□ **팥** [팥] pat n. adzuki bean

12

□ **옥수수** [옥쑤수] ok-ssu-su **n.** corn

□ **채소** [채:소] chae-so **n.** vegetable
  = **야채** [야:채] ya-chae

□ **시금치** [시금치] si-geum-chi **n.** spinach

□ **오이** [오이] o-i **n.** cucumber

□ **당근** [당근] dang-geun **n.** carrot

□ **감자** [감자] gam-ja **n.** potato

□ **고구마** [고:구마] go-gu-ma **n.** sweet potato

□ **배추** [배:추] bae-chu **n.** Chinese cabbage

□ **양배추** [양배추] yang-bae-chu **n.** cabbage

□ **상추** [상추] sang-chu **n.** lettuce

□ **깻잎** [깬닙] ggaen-nip **n.** perilla leaf

□ 무 [무:] mu **n.** white radish

□ 고추 [고추] go-chu **n.** chili (pepper)

□ 피망 [피망] pi-mang
n. bell pepper, capsicum

□ 파프리카 [파프리카] pa-peu-ri-ka **n.** paprika

□ 가지 [가지] ga-ji **n.** eggplant

□ 호박 [호:박] ho-bak **n.** pumpkin

□ 애호박 [애호박] ae-ho-bak **n.** zucchini

□ 토마토 [토마토] to-ma-to **n.** tomato

□ 브로콜리 [브로콜리] beu-ro-kol-ri **n.** broccoli

12

□ 콩나물 [콩나물] kong-na-mul
n. soybean sprouts

□ **숙주나물** [숙쭈나물] suk-jju-na-mul

   n. mungbean sprouts

□ **고사리** [고사리] go-sa-ri

   n. bracken, brake fern

□ **파** [파] pa **n.** green onion

□ **양파** [양파] yang-pa **n.** onion

□ **마늘** [마늘] ma-neul **n.** garlic

□ **생강** [생강] saeng-gang **n.** ginger

□ **과일** [과:일] gwa-il **n.** fruit

□ **딸기** [딸:기] ddal-gi **n.** strawberry

□ **산딸기** [산딸기] san-ddal-gi **n.** raspberry

□ **블루베리** [블루베리] beul-ru-be-ri **n.** blueberry

□ **사과** [사과] sa-gwa **n.** apple

142

□ **배** [배] bae **n.** pear

□ **오렌지** [오렌지] o-ren-ji **n.** orange

□ **귤** [귤] gyul **n.** tangerine, mandarin
  = **밀감** [밀감] mil-gam

□ **감** [감:] gam **n.** persimmon

□ **홍시** [홍시] hong-si
  n. ripe persimmon, soft persimmon

□ **레몬** [레몬] re-mon **n.** lemon

□ **포도** [포도] po-do **n.** grape

□ **바나나** [바나나] ba-na-na **n.** banana

□ **수박** [수:박] su-bak **n.** watermelon

□ **참외** [차뫼/차뭬] cha-moe/cha-mwe
  n. oriental melon

12

□ **멜론** [멜론] mel-ron **n. melon**

□ **파인애플** [파이내플] pa-i-nae-peul **n. pineapple**

□ **복숭아** [복쑹아] bok-ssung-a **n. peach**

□ **천도복숭아** [천도복쑹아] cheon-do-bok-ssung-a
   n. nectarine

□ **자두** [자두] ja-du **n. plum**

□ **살구** [살구] sal-gu **n. apricot**

□ **앵두** [앵두] aeng-du **n. cherry**
   = **체리** [체리] che-ri

□ **망고** [망고] mang-go **n. mango**

□ **리치** [리치] ri-chi **n. lychee**

□ **무화과** [무화과] mu-hwa-gwa **n. fig**

□ **아보카도** [아보카도] a-bo-ka-do **n. avocado**

□ **음료** [음:뇨] eum-nyo **n.** beverage, drink
　= **음료수** [음:뇨수] eum-nyo-su

□ **마시다** [마시다] ma-si-da **v.** drink

□ **물** [물] mul **n.** water

□ **식수** [식쑤] sik-ssu **n.** drinking water

□ **우유** [우유] u-yu **n.** milk

□ **두유** [두유] du-yu **n.** soybean milk

□ **포도주** [포도주] po-do-ju **n.** wine
　= **와인** [와인] wa-in

□ **맥주** [맥쭈] maek-jju **n.** beer

□ **소주** [소주] so-ju **n.** Korean distilled spirits

□ **막걸리** [막껄리] mak-ggeol-ri
　n. white rice wine

12

□ **탄산음료** [탄:사늠뇨] tan-sa-neum-nyo **n. soda**

□ **콜라** [콜라] kol-ra **n. Coke**

□ **사이다** [사이다] sa-i-da **n. Sprite, 7UP**

□ **커피** [커피] keo-pi **n. coffee**

□ **홍차** [홍차] hong-cha **n. (black) tea**

□ **녹차** [녹차] nok-cha **n. green tea**

□ **후식** [후:식] hu-sik **n. dessert**
  = **디저트** [디저트] di-jeo-teu

□ **양념** [양념] yang-nyeom **n. seasoning**

□ **소스** [소스] so-seu **n. sauce, gravy**

□ **드레싱** [드레싱] deu-re-sing **n. dressing**

□ **간장** [간장] gan-jang **n. soy sauce**

□ **된장** [된:장/뒌:장] doen-jang/dwen-jang

   n. soybean paste

□ **고추장** [고추장] go-chu-jang

   n. red pepper paste

□ **소금** [소금] so-geum **n.** salt

□ **설탕** [설탕] seol-tang **n.** sugar

□ **후추** [후추] hu-chu **n.** (black) pepper

□ **깨소금** [깨소금] ggae-so-geum

   n. ground sesame mixed with salt

□ **식초** [식초] sik-cho **n.** vinegar

□ **식용유** [시굥뉴] si-gyong-nyu **n.** cooking oil

□ **올리브유** [올리브유] ol-ri-beu-yu **n.** olive oil

□ **참기름** [참기름] cham-gi-reum **n.** sesame oil

12

□ **들기름** [들기름] deul-gi-reum **n.** perilla oil

□ **버터** [버터] beo-teo **n.** butter

□ **마요네즈** [마요네즈] ma-yo-ne-jeu
　n. mayonnaise, mayo

□ **케첩** [케첩] ke-cheop **n.** ketchup

□ **꿀** [꿀] ggul **n.** honey

□ **잼** [잼] jaem **n.** jam

□ **겨자** [겨자] gyeo-ja **n.** mustard

□ **고추냉이** [고추냉이] go-chu-naeng-i **n.** wasabi

□ **요리법** [요리뻡] yo-ri-bbeop **n.** recipe
　= **조리법** [조리뻡] jo-ri-bbeop
　= **레시피** [레시피] re-si-pi

□ **다듬다** [다듬따] da-deum-dda

  v. prepare (for cooking)

□ **자르다** [자르다] ja-reu-da v. cut

□ **썰다** [썰:다] sseol-da v. chop

□ **다지다** [다지다] da-ji-da v. mince

□ **벗기다** [벋끼다] beot-ggi-da v. peel

□ **섞다** [석따] seok-dda v. mix
  = **버무리다** [버무리다] beo-mu-ri-da
  = **무치다** [무치다] mu-chi-da

□ **무침** [무침] mu-chim

  n. some vegetables seasoned with
  some condiments

12

□ **볶다** [복따] bok-dda v. stir-fry

□ **볶음** [보끔] bo-ggeum n. stir-frying

□ **튀기다** [튀기다] twi-gi-da **v.** deep fry

□ **튀김** [튀김] twi-gim **n.** deep-frying

□ **굽다** [굽:따] gup-dda **v.** roast, grill

□ **구이** [구이] gu-i
  n. roast, grill, grilled dishes

□ **삶다** [삼:따] sam-dda **v.** boil

□ **찌다** [찌다] jji-da **v.** steam

□ **찜** [찜] jjim **n.** steamed dish

□ **도마** [도마] do-ma **n.** cutting board

□ **칼** [칼] kal **n.** knife

□ **식칼** [식칼] sik-kal **n.** kitchen knife
  = **부엌칼** [부억칼] bu-eok-kal

□ **과일칼** [과:일칼] gwa-il-kal **n.** fruit knife

= **과도** [과:도] gwa-do

□ **국자** [국짜] guk-jja **n.** ladle

□ **밥주걱** [밥쭈걱] bap-jju-geok **n.** rice scoop

□ **뒤집개** [뒤집깨] dwi-jip-ggae **n.** spatula

□ **냄비** [냄비] naem-bi **n.** pot, saucepan

□ **솥** [솓] sot

n. Sot, Korean traditional caldron
made of cast iron

□ **밥솥** [밥쏟] bap-ssot **n.** rice cooker

□ **프라이팬** [프라이팬] peu-ra-i-paen
n. frying pan

12

□ **식기** [식끼] sik-ggi **n.** tableware

□ **그릇** [그릗] geu-reut **n.** bowl
  = **사발** [사발] sa-bal

□ **밥그릇** [밥끄륻] bap-ggeu-reut **n.** rice bowl

□ **국그릇** [국끄륻] guk-ggeu-reut **n.** soup bowl

□ **접시** [접씨] jeop-ssi **n.** plate

□ **쟁반** [쟁반] jaeng-ban **n.** tray

□ **취미** [취:미] chwi-mi **n.** hobby

□ **운동** [운:동] un-dong **n.** sport
  = **스포츠** [스포츠] seu-po-cheu

□ **경기** [경:기] gyeong-gi **n.** game
  = **게임** [게임] ge-im

□ **시합** [시합] si-hap **n.** match

□ **달리다** [달리다] dal-ri-da **v.** run, dash
  = **뛰다** [뛰다] ddwi-da

□ **조깅** [조깅] jo-ging **n.** jogging

□ **산책** [산:책] san-chaek **n.** walk
  = **산보** [산:뽀] san-bbo

□ **체육관** [체육꽌] che-yuk-ggwan **n.** gym

□ **헬스클럽** [헬스클럽] hel-seu-keul-reop
  n. fitness center

□ **수영** [수영] su-yeong **n.** swimming

□ **수영장** [수영장] su-yeong-jang
  n. swimming pool, pool

□ **공** [공:] gong **n.** ball

□ **셔틀콕** [셔틀콕] syeo-teul-kok **n.** shuttlecock

□ **라켓** [라켄] ra-ket **n.** racket

□ **테니스** [테니스] te-ni-seu **n.** tennis

□ **배드민턴** [배드민턴] bae-deu-min-teon
  n. badminton

□ **축구** [축꾸] chuk-ggu **n.** football, soccer

13

□ **미식축구** [미식축꾸] mi-sik-chuk-ggu
  n. American football

□ **야구** [야:구] ya-gu **n.** baseball

□ **농구** [농구] nong-gu **n.** basketball

□ **배구** [배구] bae-gu **n.** volleyball

□ **탁구** [탁꾸] tak-ggu
  n. table tennis, ping-pong

□ **당구** [당구] dang-gu **n.** billiards

□ **요가** [요가] yo-ga **n.** yoga

□ **골프** [골프] gol-peu **n.** golf

□ **사이클링** [사이클링] sa-i-keul-ring **n.** cycling

□ **권투** [권:투] gwon-tu **n.** boxing
  = **복싱** [복씽] bok-ssing

□ **스키** [스키] seu-ki **n.** skiing

□ **스노보드** [스노보드] seu-no-bo-deu
n. snowboarding

□ **스키장** [스키장] seu-ki-jang **n.** ski resort

□ **스케이트** [스케이트] seu-ke-i-teu **n.** skating

□ **인라인스케이트** [인라인스케이트]
in-ra-in-seu-ke-i-teu **n.** inline skating

□ **스케이트보드** [스케이트보드] seu-ke-i-teu-bo-deu
n. skateboarding

□ **스케이트장** [스케이트장] seu-ke-i-teu-jang
n. ice rink

□ **음악** [으막] eu-mak **n.** music

13

□ **듣다** [듣따] deut-dda **v.** listen to, hear

□ **노래** [노래] no-rae **n.** song

□ **가수** [가수] ga-su **n.** singer

□ **가사** [가사] ga-sa **n.** lyrics

□ **가락** [가락] ga-rak **n.** melody
  = **멜로디** [멜로디] mel-ro-di
  = **선율** [서뉼] seo-nyul

□ **작사** [작싸] jak-ssa **n.** writing lyrics

□ **작곡** [작꼭] jak-ggok **n.** composition

□ **음반** [음반] eum-ban **n.** record disc, LP
  = **디스크** [디스크] di-seu-keu

□ **악기** [악끼] ak-ggi **n.** musical instrument

□ **연주** [연주] yeon-ju **n.** performance

□ **피아노** [피아노] pi-a-no **n.** piano

□ **바이올린** [바이올린] ba-i-ol-rin n. violin

□ **비올라** [비올라] bi-ol-ra n. viola

□ **첼로** [첼로] chel-ro n. cello

□ **하프** [하프] ha-peu n. harp

□ **기타** [기타] gi-ta n. guitar

□ **플루트** [플루트] peul-ru-teu n. flute

□ **트럼펫** [트럼펟] teu-reom-pet n. trumpet

□ **색소폰** [색소폰] saek-so-pon n. saxophone

□ **북** [북] buk n. drum
   = **드럼** [드럼] deu-reom

□ **음악회** [으마쾨/으마퀘] eu-ma-koe/eu-ma-kwe
   n. concert
   = **콘서트** [콘서트] kon-seo-teu

□ **관현악단** [관혀낙딴] gwan-hyeo-nak-ddan

  n. orchestra

  = **교향악단** [교향악딴] gyo-hyang-ak-ddan

  = **오케스트라** [오케스트라] o-ke-seu-teu-ra

□ **지휘자** [지휘자] ji-hwi-ja **n. conductor**

□ **오페라** [오페라] o-pe-ra **n. opera**

□ **뮤지컬** [뮤지컬] myu-ji-keol **n. musical**

□ **연극** [연:극] yeon-geuk **n. play**

□ **영화** [영화] yeong-hwa **n. movie, film**

□ **보다** [보다] bo-da **v. see, watch**

□ **개봉하다** [개봉하다] gae-bong-ha-da **v. release**

□ **극장** [극짱] geuk-jjang **n. theater**

□ **영화관** [영화관] yeong-hwa-gwan
  n. movie theater, cinema

□ **블록버스터** [블록뻐스터] beul-rok-bbeo-seu-teo
  blockbuster

□ **영화감독** [영화감독] yeong-hwa-gam-dok
  n. movie director

□ **배우** [배우] bae-u n. actor, actress

□ **여배우** [여배우] yeo-bae-u n. actress

□ **주인공** [주인공] ju-in-gong n. main character

□ **관객** [관객] gwan-gaek n. audience

□ **책** [책] chaek n. book

□ **독서** [독써] dok-sseo n. reading

□ **읽다** [익따] ik-dda v. read

13

□ **도서관** [도서관] do-seo-gwan **n.** library

□ **서점** [서점] seo-jeom **n.** bookstore

□ **쓰다** [쓰다] sseu-da **v.** write
= **저술하다** [저:술하다] jeo-sul-ha-da

□ **문학** [문학] mun-hak **n.** literature

□ **소설** [소:설] so-seol **n.** novel

□ **시** [시] si **n.** poem

□ **수필** [수필] su-pil **n.** essay
= **에세이** [에세이] e-se-i

□ **만화책** [만:화책] man-hwa-chaek
n. comic book

□ **동화책** [동:화책] dong-hwa-chaek
n. fairy tale book

□ **위인전** [위인전] wi-in-jeon **n.** biography

□ **잡지** [잡찌] jap-jji **n.** magazine

□ **작가** [작까] jak-gga **n.** writer

□ **저자** [저:자] jeo-ja **n.** author

□ **소설가** [소:설가] so-seol-ga **n.** novelist

□ **시인** [시인] si-in **n.** poet

□ **수필가** [수필가] su-pil-ga **n.** essayist

□ **사진** [사진] sa-jin
  n. photograph, photo, picture

□ **촬영** [촬령] chwa-ryeong **n.** photography

□ **카메라** [카메라] ka-me-ra **n.** camera

13

□ **그림** [그:림] geu-rim **n.** picture

□ **유화** [유화] yu-hwa **n.** oil painting

□ **수채화** [수채화] su-chae-hwa **n.** watercolor

□ **삽화** [사퐈] sa-pwa **n.** illustration
  = **일러스트레이션** [일러스트레이션]
  il-reo-seu-teu-re-i-syeon

□ **그리다** [그:리다] geu-ri-da **v.** draw

□ **스케치** [스케치] seu-ke-chi **n.** sketch

□ **소묘** [소:묘] so-myo **n.** drawing

□ **색칠하다** [색칠하다] saek-chil-ha-da **v.** paint
  = **채색하다** [채:새카다] chae-sae-ka-da

□ **화가** [화:가] hwa-ga **n.** painter

□ **물감** [물깜] mul-ggam **n.** color

□ **붓** [붇] but **n.** brush

□ **종이** [종이] jong-i **n.** paper

□ **도화지** [도화지] do-hwa-ji **n.** drawing paper

□ **스케치북** [스케치북] seu-ke-chi-buk
　n. sketchbook

□ **캔버스** [캔버스] kaen-beo-seu **n.** canvas

□ **보드게임** [보드게임] bo-deu-ge-im
　n. board game

□ **주사위** [주사위] ju-sa-wi **n.** dice

□ **체스** [체스] che-seu **n.** chess

□ **장기** [장:기] jang-gi **n.** Korean chess

□ **바둑** [바둑] ba-duk **n.** go

□ **등산** [등산] deung-san **n.** climbing

13

□ **암벽등반** [암벽등반] am-byeok-deung-ban
rock-climbing

□ **낚시** [낙씨] nak-ssi **n.** fishing

□ **소풍** [소풍] so-pung **n.** picnic

□ **야영** [야:영] ya-yeong **n.** camping
= **캠핑** [캠핑] kaem-ping

□ **공예** [공예] gong-ye **n.** craft

□ **원예** [워녜] wo-nye **n.** gardening

□ **꽃꽂이** [꼳꼬지] ggot-ggo-ji
n. flower arrangement

□ **수집** [수집] su-jip **n.** collection

□ **뜨개질** [뜨개질] ddeu-gae-jil **n.** knitting

Telephone & the Internet
전화 & 인터넷 jeon-hwa & in-teo-net **MP3. U14**

□ **전화** [전:화] jeon-hwa **n. telephone, phone**

□ **휴대폰** [휴대폰] hyu-dae-pon
  n. cellular phone, cell phone,
  mobile phone
  = **핸드폰** [핸드폰] haen-deu-pon
  = **휴대전화** [휴대전화] hyu-dae-jeon-hwa

□ **스마트폰** [스마트폰] seu-ma-teu-pon
  n. smartphone

□ **전화하다** [전:화하다] jeon-hwa-ha-da **v. call**
  = **걸다** [걸:다] geol-da
  = **발신하다** [발씬하다] bal-ssin-ha-da

□ **받다** [받따] bat-dda
  v. answer/take (the phone),
  receive (a message)
  = **수신하다** [수신하다] su-sin-ha-da

□ **수신** [수신] su-sin **n.** receiving

□ **수신음** [수신음] su-sin-eum **n.** received sound

□ **통화** [통화] tong-hwa
n. phone call, telephone conversation

□ **통화 중** [통화 중] tong-hwa jung
on the phone, busy line

□ **끊다** [끈타] ggeun-ta **v.** hang up

□ **바꾸다** [바꾸다] ba-ggu-da **v.** transfer, change

□ **공중전화** [공중전화] gong-jung-jeon-hwa
n. public phone, pay phone

□ **긴급 전화** [긴급 전화] gin-geup jeon-hwa
emergency call

□ **전화번호** [전:화번호] jeon-hwa-beon-ho
n. phone number

14

169

□ **로밍 서비스** [로밍 서비스] ro-ming seo-bi-seu
roaming service

□ **자동응답기** [자동응:답끼] ja-dong-eung-dap-ggi
answering machine

□ **메신저** [메신저] me-sin-jeo **n.** messenger

□ **메시지** [메시지] me-si-ji **n.** message

□ **문자메시지** [문짜메시지] mun-jja-me-si-ji
SMS, text message

□ **음성메시지** [음성메시지] eum-seong-me-si-ji
voice mail, voice message

□ **보내다** [보내다] bo-nae-da
v. send (a message)

□ **전송** [전:송] jeon-song **n.** transmission

□ **벨 소리** [벨 소리] bel so-ri ring-tone

□ **진동모드** [진:동모드] jin-dong-mo-deu

  vibrate mode

  = **매너모드** [매너모드] mae-neo-mo-deu

□ **애플리케이션** [애플리케이션] ae-peul-ri-ke-i-syeon

  n. application, app

  = **어플** [어플] eo-peul

  = **앱** [앱] aep

□ **다운로드** [다운로드] da-un-ro-deu **n.** download

□ **업로드** [업로드] eop-ro-deu **n.** upload

□ **업데이트** [업떼이트] eop-dde-i-teu **n.** update

□ **배터리** [배터리] bae-teo-ri **n.** battery

□ **충전** [충전] chung-jeon **n.** charge

□ **충전기** [충전기] chung-jeon-gi **n.** charger

□ **방전** [방:전] bang-jeon **n.** electric discharge

□ **전원** [저:뭔] jeo-nwon **n.** power supply

□ **켜다** [켜다] kyeo-da **v.** turn on

□ **끄다** [끄다] ggeu-da **v.** turn off

□ **영상통화** [영상통화] yeong-sang-tong-hwa
n. video call

□ **와이파이** [와이파이] wa-i-pa-i
n. Wi-Fi(wireless fidelity)
= **근거리 무선망** [근:거리 무선망]
geun-geo-ri mu-seon-mang

□ **인터넷** [인터넫] in-teo-net **n.** Internet

□ **온라인** [올라인] ol-ra-in **n.** online

□ **오프라인** [오프라인] o-peu-ra-in **n.** offline

□ **온라인 게임** [올라인 게임] ol-ra-in ge-im
online game

□ **인터넷 뱅킹** [인터넷 뱅킹] in-teo-net baeng-king
Internet banking

□ **인터넷 쇼핑** [인터넷 쇼핑] in-teo-net syo-ping
online shopping

□ **즐겨찾기** [즐겨찬끼] jeul-gyeo-chat-ggi
n. favorite

□ **접속** [접쏙] jeop-ssok **n.** connect

□ **무선데이터** [무선데이터] mu-seon-de-i-teo
wireless data

□ **이메일** [이메일] i-me-il **n.** e-mail
= **전자우편** [전자우편] jeon-ja-u-pyeon

□ **이메일주소** [이메일주:소] i-me-il-ju-so
e-mail address

□ **받은 메일함** [바든 메일함] ba-deun me-il-ham
inbox (by e-mail)

14

173

□ **보낸 메일함** [보낸 메일함] bo-naen me-il-ham
sent mail

□ **답장** [답짱] dap-jjang **n.** response for mail

□ **전달** [전달] jeon-dal **n.** forwarding

□ **첨부 파일** [첨부 파일] cheom-bu pa-il
attached file, attachment

□ **스팸 메일** [스팸 메일] seu-paem me-il
spam mail

□ **로그인** [로그인] ro-geu-in
n. log-on, log-in, sign in

□ **로그아웃** [로그아웃] ro-geu-a-ut
n. log-off, log-out, sign out

□ **회원가입** [회:원가입/훼:원가입] hoe-won ga-ip
sign in

□ **탈퇴** [탈퇴/탈퉤] tal-toe/tal-twe drop out

□ **계정** [계:정/게:정] gye-jeong/ge-jeong n. account

□ **웹 사이트** [웹 사이트] wep sa-i-teu website

□ **홈페이지** [홈페이지] hom-pe-i-ji n. homepage

□ **브라우저** [브라우저] beu-ra-u-jeo n. browser

□ **검색** [검:색] geom-saek n. search

□ **검색창** [검:색창] geom-saek-chang
   n. search bar

□ **주소창** [주:소창] ju-so-chang address bar

□ **웹 서핑** [웹 서핑] wep seo-ping
   browsing through a website

□ **아이디** [아이디] a-i-di n. ID

14

□ **비밀번호** [비:밀번호] bi-mil-beon-ho

n. password,

PIN(personal identification number)

□ **컴퓨터** [컴퓨터] keom-pyu-teo **n.** computer

□ **데스크톱** [데스크톱] de-seu-keu-top

n. desktop computer

= **데스크톱 컴퓨터** [데스크톱 컴퓨터]

de-seu-keu-top keom-pyu-teo

□ **노트북** [노트북] no-teu-buk

n. laptop computer

= **노트북 컴퓨터** [노트북 컴퓨터]

no-teu-buk keom-pyu-teo

□ **태블릿** [태블릳] tae-beul-rit

n. tablet computer

= **태블릿 컴퓨터** [태블릳 컴퓨터]

tae-beul-rit keom-pyu-teo

□ **모니터** [모니터] mo-ni-teo **n.** monitor

□ **액정** [액쩡] aek-jjeong **n.** display

□ **화면** [화:면] hwa-myeon **n.** screen

□ **바탕화면** [바탕화:면] ba-tang-hwa-myeon
  wallpaper

□ **키보드** [키보드] ki-bo-deu **n.** keyboard

□ **단축키** [단축키] dan-chuk-ki **n.** shortcut

□ **타이핑** [타이핑] ta-i-ping **n.** typing

□ **치다** [치다] chi-da **v.** type

□ **마우스** [마우스] ma-u-seu **n.** mouse

□ **무선 마우스** [무선 마우스] mu-seon ma-u-seu
  wireless mouse

14

□ **마우스 패드** [마우스 패드] ma-u-seu pae-deu
mouse pad

□ **클릭** [클릭] keul-rik **n.** making a click

□ **헤드셋** [헤드셋] he-deu-set **n.** headset

□ **하드디스크** [하드디스크] ha-deu-di-seu-keu
hard disk, hard drive

□ **디스크드라이브** [디스크드라이브]
di-seu-keu-deu-ra-i-beu disk drive

□ **램** [램] raem
n. RAM(random-access memory)
= **랜덤액세스메모리** [랜덤액쎄스메모리]
raen-deom-aek-sse-seu-me-mo-ri

□ **롬** [롬] rom **n.** ROM(read-only memory)
= **고정기억장치** [고정기억짱치]
go-jeong-gi-eok-jjang-chi

□ **프로그램** [프로그램] peu-ro-geu-raem

　　n. program

□ **오에스** [오에스] o-e-seu

　　n. OS(operating system)

　= **운영체제** [우:녕체제] u-nyeong-che-je

□ **설치** [설치] seol-chi **n.** installation

□ **하드웨어** [하드웨어] ha-deu-we-eo **n.** hardware

□ **소프트웨어** [소프트웨어] so-peu-teu-we-oe

　　n. software

□ **프린터** [프린터] peu-rin-teo **n.** printer

□ **복사기** [복싸기] bok-ssa-gi

　　n. copy machine, copier

□ **스캐너** [스캐너] seu-kae-neo **n.** scanner

□ **웹캠** [웹캠] wep-kaem **n.** webcam

14

□ **파일** [파일] pa-il **n. file**

□ **폴더** [폴더] pol-deo **n. folder**

□ **저장** [저:장] jeo-jang **n. save**

□ **저장하다** [저:장하다] jeo-jang-ha-da **v. save**

□ **수정** [수정] su-jeong **n. modification**

□ **복사** [복써] bok-ssa **n. copy**
   = **카피** [카피] ka-pi

□ **붙여넣기** [부처너:키] bu-cheo-neo-ki **paste**

□ **삭제** [삭쩨] sak-jje **n. deletion**

□ **삭제하다** [삭쩨하다] sak-jje-ha-da **v. delete**
   = **지우다** [지우다] ji-u-da
   = **제거하다** [제거하다] je-geo-ha-da

□ **공유** [공:유] gong-yu **n. sharing**

□ **보안** [보:안] bo-an **n.** security

□ **차단** [차:단] cha-dan **n.** block

□ **바이러스** [바이러스] ba-i-reo-seu **n.** virus

□ **백신** [백씬] baek-sin **n.** antivirus

□ **에스엔에스** [에스엔에스] e-seu-en-e-seu
   n. SNS (Social Networking Service)
   = **소셜 네트워크 서비스** [소셜 네트워크 서비스]
   so-syeol ne-teu-wo-keu seo-bi-seu

□ **블로그** [블로그] beul-ro-geu **n.** blog

□ **해커** [해커] hae-keo **n.** hacker

□ **피시방** [피시방] pi-si-bang **n.** Internet café

□ **학교** [학꾜] hak-ggyo **n.** school

□ **유치원** [유치원] yu-chi-won **n.** kindergarten

□ **어린이집** [어리니집] eo-ri-ni-jip
　n. daycare center

□ **초등학교** [초등학꾜] cho-deung-hak-ggyo
　n. elementary school, primary school

□ **중학교** [중학꾜] jung-hak-ggyo
　n. middle school, junior high school

□ **고등학교** [고등학꾜] go-deung-hak-ggyo
　n. high school, senior high school
　= **고교** [고교] go-gyo

□ **대학교** [대:학꾜] dae-hak-ggyo
　n. college, university

□ **대학** [대ː학] dae-hak **n.** college

　= **단과대학** [단꽈대ː학] dan-ggwa-dae-hak

□ **종합대학** [종합대ː학] jong-hap-dae-hak

　university

□ **대학원** [대ː하권] dae-ha-gwon

　n. graduate school,

　postgraduate school

□ **연구소** [연ː구소] yeon-gu-so **n.** institute

□ **학회** [하쾨/하퀘] ha-koe/ha-kwe **n.** society

□ **학원** [하권] ha-gwon **n.** academy

□ **전공** [전공] jeon-gong **n.** major

□ **부전공** [부ː전공] bu-jeon-gong **n.** minor

□ **입학** [이팍] i-pak **n.** enrollment, admission

□ **입학식** [이팍씩] i-pak-ssik

n. entrance ceremony

□ **입학 허가** [이팍 허가] i-pak heo-ga **admission**

□ **입학시험** [이팍씨험] i-pak-ssi-heom

n. entrance exam

= **입시** [입씨] ip-ssi

□ **수능** [수능] su-neung

n. college scholastic ability test

= **대학 수학 능력 시험** [대:학 수학 능력 시험]

dae-hak su-hak neung-nyeok si-heom

□ **졸업** [조럽] jo-reop **n. graduation**

□ **졸업식** [조럽씩] jo-reop-ssik

n. graduation ceremony

□ **출석** [출썩] chul-sseok **n. attendance**

□ **결석** [결썩] gyeol-sseok **n.** absence

□ **지각** [지각] ji-gak **n.** lateness, tardiness

□ **조퇴** [조:퇴/조:퉤] jo-toe/jo-twe **n.** leaving early

□ **등록** [등녹] deung-nok
  n. registration, enrollment

□ **신청** [신청] sin-cheong **n.** application

□ **수강 신청하다** [수강 신청하다]
  su-gang sin-cheong-ha-da sign up for classes

□ **가르치다** [가르치다] ga-reu-chi-da **v.** teach

□ **가르침** [가르침] ga-reu-chim
  n. teaching, lesson

□ **배우다** [배우다] bae-u-da **v.** learn

□ **학습** [학씁] hak-sseup **n.** study, learning

수업 [수업] su-eop

  n. class, lecture, course, lesson

  = **강의** [강:의/강:이] gang-ui/gang-i

공부 [공부] gong-bu n. study

자습 [자습] ja-seup n. study by oneself

교사 [교:사] gyo-sa n. teacher

  = **선생** [선생] seon-saeng

교수 [교:수] gyo-su n. professor

부교수 [부:교수] bu-gyo-su

  n. associate professor

조교수 [조:교수] jo-gyo-su

  n. assistant professor

강사 [강:사] gang-sa n. instructor, lecturer

□ **시간강사** [시간강:사] si-gan-gang-sa
part-time lecturer

□ **가정교사** [가정교사] ga-jeong-gyo-sa
tutor, private teacher

□ **학생** [학쌩] hak-ssaeng **n.** student

□ **제자** [제:자] je-ja **n.** pupil

□ **학우** [하구] ha-gu **n.** schoolmate

□ **급우** [그부] geu-bu **n.** classmate

□ **신입생** [시닙쌩] si-nip-ssaeng **n.** freshman

□ **재학생** [재:학쌩] jae-hak-ssaeng
n. enrolled student

□ **교실** [교:실] gyo-sil **n.** classroom

□ **학년** [항년] hang-nyeon

  n. grade, school year

□ **반** [반] ban **n.** class

□ **학기** [학끼] hak-ggi **n.** semester, term

□ **교육** [교:육] gyo-yuk **n.** education

□ **교육과정** [교:육과정] gyo-yuk-gwa-jeong

  curriculum

  = **교과과정** [교:과과정/교:꽈과정]

  gyo-gwa-gwa-jeong/gyo-ggwa-gwa-jeong

  = **학과과정** [학꽈과정] hak-ggwa-gwa-jeong

□ **방과 후 교실** [방과 후 교실] bang-gwa hu gyo-sil

  extra-curricular

□ **방과 후 돌보미** [방과 후 돌보미]

  bang-gwa hu dol-bo-mi

  after school's caregiver

□ **과외** [과외/과웨] gwa-oe/gwa-we

  n. extra classes, private tutoring

  = **과외수업** [과외수업/과웨수업]

  gwa-oe-su-eop/gwa-we-su-eop

□ **질문** [질문] jil-mun **n. question**

□ **묻다** [묻:따] mut-dda **v. ask**

  = **물어보다** [무러보다] mu-reo-bo-da

□ **대답** [대:답] dae-dap **n. answer**

  = **답** [답] dap

□ **과목** [과목] gwa-mok **n. subject**

□ **학과** [학꽈] hak-ggwa **n. department**

□ **국어** [구거] gu-geo

  n. official language, mother tongue

□ **한국어** [한:구거] han-gu-geo

  n. Korean (language)

□ **영어** [영어] yeong-eo **n.** English

□ **문학** [문학] mun-hak **n.** literature

□ **수학** [수:학] su-hak **n.** math, mathematics

□ **숫자** [수:짜/숟:짜] su-jja/sut-jja **n.** numbers
  = **수** [수:] su

□ **연산** [연:산] yeon-san **n.** arithmetic
  = **산수** [산:수] san-su

□ **계산** [계:산/게:산] gye-san/ge-san
  n. calculation, figures, sum
  = **셈** [셈:] sem

□ **과학** [과학] gwa-hak **n.** science

□ **화학** [화:학] hwa-hak **n.** chemistry

□ **물리학** [물리학] mul-ri-hak **n.** physics

□ **생물학** [생물학] saeng-mul-hak **n.** biology

□ **천문학** [천문학] cheon-mun-hak **n.** astronomy

□ **사회학** [사회학/사훼학] sa-hoe-hak/sa-hwe-hak
  n. social studies

□ **역사** [역싸] yeok-ssa **n.** history

□ **국사** [국싸] guk-ssa **n.** national history

□ **지리학** [지리학] ji-ri-hak **n.** geography

□ **지질학** [지질학] ji-jil-hak **n.** geology

□ **정치학** [정치학] jeong-chi-hak **n.** politics

□ **경제학** [경제학] gyeong-je-hak **n.** economics

□ **회계학** [회:계학/훼:계학] hoe-gye-hak/hwe-ge-hak
  n. accounting

□ **인문학** [인문학] in-mun-hak **n. humanities**

□ **심리학** [심니학] sim-ni-hak **n. psychology**

□ **철학** [철학] cheol-hak **n. philosophy**

□ **윤리** [율리] yul-ri **n. ethics**

□ **음악** [으막] eu-mak **n. music**

□ **미술** [미:술] mi-sul **n. art**

□ **체육** [체육] che-yuk
   n. physical education, PE

□ **칠판** [칠판] chil-pan **n. blackboard**

□ **분필** [분필] bun-pil **n. chalk**

□ **칠판지우개** [칠판지우개] chil-pan-ji-u-gae
   n. chalk eraser

192

☐ **화이트보드** [화이트보드] hwa-i-teu-bo-deu

   n. whiteboard

☐ **펠트펜** [펠트펜] pel-teu-pen

   n. marker, a pen with a broad felt tip

   = **보드 마커** [보드 마커] bo-deu ma-keo

☐ **책가방** [책까방] chaek-gga-bang **n.** school bag

☐ **교과서** [교:과서/교:꽈서]

   gyo-gwa-seo/gyo-ggwa-seo **n.** textbook

☐ **공책** [공책] gong-chaek **n.** notebook

   = **노트** [노트] no-teu

☐ **연필** [연필] yeon-pil **n.** pencil

☐ **색연필** [생년필] saeng-nyeon-pil

   n. colored pencil

☐ **볼펜** [볼펜] bol-pen **n.** ball-point pen

만년필 [만:년필] man-nyeon-pil

n. fountain pen

형광펜 [형광펜] hyeong-gwang-pen

n. highlighter pen, highlighter

사인펜 [사인펜] sa-in-pen

n. marker, felt-tip pen

지우개 [지우개] ji-u-gae n. eraser

수정액 [수정액] su-jeong-aek correction fluid

수정 테이프 [수정 테이프] su-jeong te-i-peu

correction tape

필기 [필기] pil-gi n. taking notes

받아쓰기 [바다쓰기] ba-da-sseu-gi n. dictation

숙제 [숙쩨] suk-jje n. homework

□ **과제** [과제] gwa-je **n.** assignment

□ **보고서** [보:고서] bo-go-seo **n.** report
= **리포트** [리포트] ri-po-teu

□ **제출** [제출] je-chul **n.** submission

□ **시험** [시험] si-heom
n. examination, exam, test

□ **쪽지 시험** [쪽찌 시험] jjok-jji si-heom quiz

□ **중간고사** [중간고사] jung-gan-go-sa
n. midterm exam

□ **기말고사** [기말고사] gi-mal-go-sa **n.** final exam

□ **합격** [합격] hap-ggeok **n.** passing the exam

□ **불합격** [불합격] bul-hap-ggeok **n.** failure

□ **커닝** [커닝] keo-ning **n. cheating**
= **부정행위** [부정행위] bu-jeong-haeng-wi

□ **쉽다** [쉽:따] swip-dda **a. easy**

□ **어렵다** [어렵따] eo-ryeop-dda **a. difficult**

□ **평가** [평:까] pyeong-gga **n. appreciation**

□ **결과** [결과] gyeol-gwa **n. result**

□ **점수** [점쑤/점수] jeom-ssu/jeom-su **n. score**

□ **평균** [평균] pyeong-gyun **n. average**

□ **학점** [학쩜] hak-jjeom **n. credit**

□ **성적** [성적] seong-jeok
n. grade, achievement

□ **성적표** [성적표] seong-jeok-pyo
n. report card, report

□ **자격증** [자격쯩] ja-gyeok-jjeung

  n. certificate, license

□ **학위** [하귀] ha-gwi **n.** degree

□ **준학사** [준:학싸] jun-hak-ssa

  a person with an associate's degree

□ **학사** [학싸] hak-ssa

  n. a person with a bachelor's degree

□ **석사** [석싸] seok-ssa

  n. a person with a master's degree

□ **박사** [박싸] bak-ssa

  n. a person with a Ph.D. or doctorate

□ **장학금** [장:학끔] jang-hak-ggeum

  n. scholarship

□ **쉬는 시간** [쉬는 시간] swi-neun si-gan **break**

□ **방학** [방학] bang-hak **n.** vacation

□ **여름방학** [여름방학] yeo-reum-bang-hak
summer break

□ **겨울방학** [겨울방학] gyeo-ul-bang-hak
winter break

□ **봄방학** [봄방학] bom-bang-hak spring break

□ **소풍** [소풍] so-pung **n.** picnic

□ **운동장** [운동장] un-dong-jang **n.** playground

□ **운동회** [운동회/운동훼] un-dong-hoe/un-dong-hwe
n. field day, sports day

□ **강당** [강당] gang-dang **n.** auditorium

□ **도서관** [도서관] do-seo-gwan **n.** library

□ **과학실** [과학씰] gwa-hak-ssil science lab

□ **음악실** [으막씰] eu-mak-ssil
   n. music classroom

□ **교복** [교:복] gyo-bok **n.** school uniform

□ **급식** [급씩] geup-ssik **n.** meal service

□ **도시락** [도시락] do-si-rak **n.** lunch box

☐ **일** [일:] il **n.** work

☐ **업무** [엄무] eom-mu **n.** work, task, business

☐ **근무** [근:무] geun-mu **n.** work

☐ **일중독** [일:중독] il-jung-dok **n.** workaholic

☐ **일하다** [일:하다] il-ha-da
  v. work, do one's job, labor

☐ **회사** [회:사/훼:사] hoe-sa/hwe-sa **n.** company

☐ **사무실** [사:무실] sa-mu-sil **n.** office

☐ **회사원** [회:사원/훼:사원] hoe-sa-won/hwe-sa-won
  n. worker

☐ **신입 사원** [시닙 사원] si-nip sa-won
  new employee

□ **야근** [야:근] ya-geun **n.** overtime

□ **잔업** [자:넙] ja-neop **n.** extra work

□ **출장** [출짱] chul-jjang **n.** business trip

□ **회의** [회:의/훼:이] hoe-ui/hwe-i
 n. meeting, conference

□ **회의실** [회:의실/훼:이실] hoe-ui-sil/hwe-i-sil
 n. meeting room, conference room

□ **주제** [주제] ju-je **n.** topic, subject

□ **안건** [안:껀] an-ggeon **n.** agenda

□ **발표** [발표] bal-pyo **n.** presentation

□ **서류** [서류] seo-ryu **n.** document
 = **문서** [문서] mun-seo

□ **부서** [부서] bu-seo **n.** department

총무부 [총:무부] chong-mu-bu

n. general affairs department

경리부 [경니부] gyeong-ni-bu

n. finance department

인사부 [인사부] in-sa-bu

HR(human resources) department,
personnel department

영업부 [영업뿌] yeong-eop-bbu

n. sales department

홍보부 [홍보부] hong-bo-bu

PR(public relations) department

구매부 [구매부] gu-mae-bu

n. purchasing department

상사 [상:사] sang-sa **n.** boss

부하 [부하] bu-ha **n.** subordinate

□ **동료** [동뇨] dong-nyo **n.** coworker

□ **지위** [지위] ji-wi **n.** position

□ **회장** [회:장/훼:장] hoe-jang/hwe-jang
n. chairperson, chairman

□ **부회장** [부:회장/부:훼장] bu-hoe-jang/bu-hwe-jang
n. vice-chairperson, vice-chairman

□ **사장** [사장] sa-jang **n.** president

□ **부사장** [부:사장] bu-sa-jang
n. executive vice-president

□ **전무** [전무] jeon-mu **n.** managing director

□ **이사** [이:사] i-sa **n.** director

□ **국장** [국짱] guk-jjang **n.** general manager

□ **부장** [부:장] bu-jang **n.** manager

□ **차장** [차장] cha-jang **n.** chief

□ **과장** [과장] gwa-jang
  n. section chief, section manager

□ **대리** [대:리] dae-ri
  n. administrative manager

□ **주임** [주임] ju-im
  n. assistant section manager

□ **사원** [사원] sa-won **n.** staff

□ **승진** [승진] seung-jin **n.** promotion

□ **임금** [임:금] im-geum **n.** wage

□ **최저임금** [최저임:금] choe-jeo-im-geum
  minimum wage

□ **봉급** [봉:급] bong-geup **n.** salary

□ **월급** [월급] wol-geup **n.** monthly salary

□ **연봉** [연봉] yeon-bong **n.** annual salary

□ **급여** [그벼] geu-byeo **n.** allowance, wage

□ **실수령액** [실쑤령액] sil-ssu-ryeong-aek
  net wages

□ **기본급** [기본급] gi-bon-geup **n.** basic wage

□ **상여금** [상여금] sang-yeo-geum **n.** bonus
  = **보너스** [보너스] bo-neo-seu

□ **수당** [수당] su-dang **n.** allowance

□ **출장 수당** [출짱 수당] chul-jjang su-dang
  travel allowance

□ **야근 수당** [야근 수당] ya-geun su-dang
  overtime allowance

□ **세금** [세:금] se-geum **n.** tax

□ **고용 보험** [고용 보험] go-yong bo-heom
employment insurance

□ **건강 보험** [건강 보험] geon-gang bo-heom
health insurance

□ **공제** [공:제] gong-je **n.** deduction

□ **인상** [인상] in-sang **n.** pay raise

□ **삭감** [삭깜] sak-ggam **n.** pay cut

□ **동결** [동:결] dong-gyeol **n.** wage freeze

□ **출근** [출근] chul-geun **n.** going to work

□ **퇴근** [퇴:근/퉤:근] toe-geun/twe-geun
n. getting off work

□ **출퇴근** [출퇴근/출퉤근]

chul-toe-geun/chul-twe-geun

n. going to and getting off work

□ **퇴직** [퇴:직/퉤:직] toe-jik/twe-jik **n.** retirement

= **은퇴** [은퇴/은퉤] eun-toe/eun-twe

□ **사직** [사직] sa-jik **n.** resignation

□ **명예퇴직** [명예퇴직/명예퉤직]

myeong-ye-toe-jik/myeong-ye-twe-jik

n. voluntary resignation

= **명퇴** [명퇴/명퉤] myeong-toe/myeong-twe

= **희망퇴직** [히망퇴직/히망퉤직]

hi-mang-toe-jik/hi-mang-twe-jik

□ **퇴직금** [퇴:직끔/퉤:직끔]

toe-jik-ggeum/twe-jik-ggeum

n. retirement allowance

□ **파업** [파:업] pa-eop **n.** strike

□ **해고** [해:고] hae-go **n.** dismissal

□ **휴가** [휴가] hyu-ga
n. vacation, holiday, leave

□ **유급 휴가** [유:급 휴가] yu-geup hyu-ga
paid leave

□ **무급 휴가** [무급 휴가] mu-geup hyu-ga
unpaid leave

□ **출산 휴가** [출싼 휴가] chul-ssan hyu-ga
parental leave, paternity leave,
maternity leave

□ **병가** [병:가] byeong-ga **n.** sick leave

□ **직업** [지겁] ji-geop
n. job, occupation, profession

□ **의사** [의사] ui-sa **n.** doctor

□ **치과의사** [치꽈의사/치꽈이사]

  chi-ggwa-ui-sa/chi-ggwa-i-sa dentist

□ **수의사** [수의사/수이사] su-ui-sa/su-i-sa

  n. veterinarian, vet

□ **간호사** [간호사] gan-ho-sa **n.** nurse

□ **약사** [약싸] yak-ssa **n.** pharmacist

□ **교사** [교:사] gyo-sa **n.** teacher

□ **건축가** [건:축까] geon-chuk-gga **n.** architect

□ **프로그래머** [프로그래머] peu-ro-geu-rae-meo

  n. programmer

□ **기자** [기자] gi-ja **n.** reporter

□ **편집자** [편집짜] pyeon-jip-jja **n.** editor
  = **편집인** [편지빈] pyeon-ji-bin

□ **디자이너** [디자이너] di-ja-i-neo **n.** designer

□ **사진작가** [사진작까] sa-jin-jak-gga
  n. photographer

□ **판사** [판사] pan-sa **n.** judge

□ **변호사** [변:호사] byeon-ho-sa **n.** lawyer

□ **검사** [검:사] geom-sa
  n. prosecutor, district attorney

□ **회계사** [회:계사/훼:게사] hoe-gye-sa/hwe-ge-sa
  n. accountant

□ **비서** [비:서] bi-seo **n.** secretary

□ **정치가** [정치가] jeong-chi-ga **n.** politician
  = **정치인** [정치인] jeong-chi-in

□ **경찰** [경:찰] gyeong-chal **n.** police officer
  = **경찰관** [경:찰관] gyeong-chal-gwan

□ **소방관** [소방관] so-bang-gwan **n. firefighter**

□ **우편집배원** [우편집빼원] u-pyeon-jip-bbae-won
  n. mail carrier
  = **우편배달부** [우편배달부] u-pyeon-bae-dal-bu

□ **엔지니어** [엔지니어] en-ji-ni-eo **n. engineer**

□ **정비공** [정:비공] jeong-bi-gong **n. mechanic**
  = **정비사** [정:비사] jeong-bi-sa

□ **배관공** [배:관공] bae-gwan-gong **n. plumber**

□ **요리사** [요리사] yo-ri-sa **n. cook**

□ **주방장** [주방장] ju-bang-jang **n. chef**

□ **제빵사** [제:빵사] je-bbang-sa **n. baker**

□ **조종사** [조종사] jo-jong-sa **n. pilot**
  = **파일럿** [파일럳] pa-il-reot

승무원 [승무원] seung-mu-won

    n. crew, flight attendant, cabin crew

스튜어드 [스튜어드] seu-tyu-eo-deu **n.** steward

스튜어디스 [스튜어디스] seu-tyu-eo-di-seu

    n. stewardess

상인 [상인] sang-in

    n. merchant, trader, seller

점원 [점:원] jeom-won

    n. salesclerk, salesperson

    = **판매원** [판매원] pan-mae-won

식당 종업원 [식땅 종어뷘]

    sik-ddang jong-eo-bwon **waiter, waitress**

미용사 [미:용사] mi-yong-sa

    n. hairdresser, beautician

□ **플로리스트** [플로리스트] peul-ro-ri-seu-teu
florist

□ **농부** [농부] nong-bu **n.** farmer

□ **어부** [어부] eo-bu **n.** fisherman

□ **구직** [구직] gu-jik **n.** job-hunting

□ **구인** [구인] gu-in **n.** recruitment

□ **지원** [지원] ji-won **n.** application

□ **이력서** [이:력써] i-ryeok-sseo **n.** resume

□ **자기소개서** [자기소개서] ja-gi-so-gae-seo
n. a letter of self-introduction
= **자소서** [자소서] ja-so-seo

□ **프로필** [프로필] peu-ro-pil **n.** profile

경력 [경녁] gyeong-nyeok

n. career, work experience

학력 [항녁] hang-nyeok **n.** academic career

필기시험 [필기시험] pil-gi-si-heom

n. written test

면접시험 [면:접씨험] myeon-jeop-ssi-heom

n. interview

= **면접** [면:접] myeon-jeop

16

Restaurants & Cafés
음식점 & 카페 eum-sik-jjeom & ka-pe **MP3. U17**

□ **음식점** [음:식쩜] eum-sik-jjeom **n. restaurant**
= **식당** [식땅] sik-ddang
= **레스토랑** [레스토랑] re-seu-to-rang

□ **카페** [카페] ka-pe **n. café, coffee shop**
= **커피숍** [커피숍] keo-pi-syop
= **찻집** [차찝/찯찝] cha-jjip/chat-jjip
= **다방** [다방] da-bang

□ **요리** [요리] yo-ri **n. dish, cooking**

□ **메뉴판** [메뉴판] me-nyu-pan **n. menu**
= **메뉴** [메뉴] me-nyu
= **차림표** [차림표] cha-rim-pyo

□ **오늘의 메뉴** [오느리 메뉴/오느레 메뉴]
o-neu-rui me-nyu/o-neu-re me-nyu
special of the day

216

□ **특선 메뉴** [특썬 메뉴] teuk-sseon me-nyu
specialty

17

□ **예약** [예:약] ye-yak **n.** reservation, booking

□ **추천** [추천] chu-cheon **n.** recommendation

□ **주문** [주:문] ju-mun **n.** order

□ **포장** [포장] po-jang **n.** packing

□ **테이크아웃** [테이크아웃] te-i-keu-a-ut
n. takeout, takeaway

□ **식자재** [식짜재] sik-jja-jae **n.** ingredient
= **음식 재료** [음:식 재료] eum-sik jae-ryo

□ **애피타이저** [애피타이저] ae-pi-ta-i-jeo
n. appetizer
= **전채** [전채] jeon-chae
= **오르되브르** [오르되브르] o-reu-doe-beu-reu

217

□ **주요리** [주요리] ju-yo-ri **n.** main dish

= **주메뉴** [주메뉴] ju-me-nyu

□ **반찬** [반찬] ban-chan **n.** side dish

= **사이드 메뉴** [사이드 메뉴] sa-i-deu me-nyu

□ **후식** [후:식] hu-sik **n.** dessert

= **디저트** [디저트] di-jeo-teu

□ **밥** [밥] bap **n.** rice

□ **비빔밥** [비빔빱] bi-bim-bbap **n.** bibimbap

□ **김밥** [김:밥/김:빱] gim-bap/gim-bbap
n. gimbap(cooked rice and other
ingredients rolled in a sheet of dried
seaweed)

□ **김치** [김치] gim-chi

n. kimchi(Korean traditional side dish made from salted and fermented vegetables with a variety of seasonings)

□ **국** [국] guk **n.** soup

□ **미역국** [미역꾹] mi-yeok-gguk

n. seaweed soup

□ **소고기 뭇국** [소고기 무:꾹/소고기 묻:꾹]

so-go-gi mu-gguk/so-go-gi mut-gguk

beef radish soup

□ **탕** [탕] tang **n./suf.** soup

□ **삼계탕** [삼계탕/삼계탕] sam-gye-tang/sam-ge-tang

n. chicken soup with ginseng

□ **설렁탕** [설렁탕] seol-reong-tang

n. stock soup of bone and stew meat

□ **찌개** [찌개] jji-gae **n.** stew, casserole

□ **된장찌개** [된:장찌개/뒌:장찌개]

doen-jang-jji-gae/dwen-jang-jji-gae

n. soy bean paste stew

□ **김치찌개** [김치찌개] gim-chi-jji-gae

n. kimchi stew

□ **찜** [찜] jjim **n.** steamed dish

□ **구이** [구이] gu-i

n. roast, grill, grilled dishes

□ **마른반찬** [마른반찬] ma-reun-ban-chan

n. dried meat or fish

□ **나물** [나물] na-mul

n. vegetables mixed with seasonings

□ **조림** [조림] jo-rim

n. food boiled in soy sauce or other seasonings

□ **젓갈** [젇깔] jeot-ggal **n.** salted seafood

□ **전** [전:] jeon **n.** Korean style pancake
= **부침개** [부침개] bu-chim-gae
= **지짐이** [지지미] ji-ji-mi

□ **불고기** [불고기] bul-go-gi

n. bulgogi, barbecued beef

□ **갈비** [갈비] gal-bi **n.** ribs

□ **수프** [수프] su-peu **n.** soup(Western dish)

□ **샐러드** [샐러드] sael-reo-deu **n.** salad

□ **소시지** [소시지] so-si-ji **n.** sausage

□ **감자튀김** [감자튀김] gam-ja-twi-gim
n. fried potatoes

□ **잡채** [잡채] jap-chae
n. jap-chae(a sweet and savory dish of stire-fried glass noodle and vegetables)

□ **떡볶이** [떡뽀끼] ddeok-bbo-ggi
n. tteok-bokki, stir-fried rice cake

□ **조개** [조개] jo-gae **n.** clam

□ **홍합** [홍합] hong-hap **n.** mussel

□ **굴** [굴] gul **n.** oyster
= **석화** [서콰] seo-kwa

□ **꼬막** [꼬막] ggo-mak **n.** cockle

□ **바지락** [바지락] ba-ji-rak **n.** Manila clam

□ **모시조개** [모시조개] mo-si-jo-gae
  n. short-necked clam

□ **전복** [전복] jeon-bok n. abalone

□ **바닷가재** [바다까재/바닫까재]
  ba-da-gga-jae/ba-dat-gga-jae n. lobster
  = **랍스터** [랍쓰터] rap-sseu-teo

□ **버섯** [버섣] beo-seot n. mushroom

□ **표고** [표고] pyo-go n. shiitake

□ **송이버섯** [송이버섣] song-i-beo-seot
  n. pine mushroom

□ **양송이** [양송이] yang-song-i n. champignon

□ **느타리** [느타리] neu-ta-ri n. agaric

□ **팽이버섯** [팽이버섣] paeng-i-beo-seot
  n. enoki mushroom

□ **요구르트** [요구르트] yo-gu-reu-teu **n.** yogurt

□ **아이스크림** [아이스크림] a-i-seu-keu-rim
  n. ice cream

□ **치즈** [치즈] chi-jeu **n.** cheese

□ **초콜릿** [초콜릳] cho-kol-rit **n.** chocolate

□ **사탕** [사탕] sa-tang **n.** candy

□ **빵** [빵] bbang **n.** bread

□ **마늘빵** [마늘빵] ma-neul-bbang
  n. garlic bread

□ **바게트** [바게트] ba-ge-teu **n.** baguette

□ **크루아상** [크루아상] keu-ru-a-sang **n.** croissant

□ **소보로빵** [소보로빵] so-bo-ro-bbang

  n. streusel bread

  = **곰보빵** [곰:보빵] gom-bo-bbang

□ **크림빵** [크림빵] keu-rim-bbang n. cream bun

□ **팥빵** [팓빵] pat-bbang n. red bean bun

□ **고로케** [고로케] go-ro-ke n. croquette

  = **크로켓** [크로켇] keu-ro-ket

□ **카스텔라** [카스텔라] ka-seu-tel-ra n. castella

□ **토스트** [토스트] to-seu-teu n. toast

□ **샌드위치** [샌드위치] saen-deu-wi-chi

  n. sandwich

□ **케이크** [케이크] ke-i-keu n. cake

□ **스펀지케이크** [스펀지케이크] seu-peon-ji-ke-i-keu

  n. sponge cake

□ **팬케이크** [팬케이크] paen-ke-i-keu **n.** pancake
= **핫케이크** [핟케이크] hat-ke-i-keu

□ **과자** [과자] gwa-ja **n.** cookie, biscuit

□ **쿠키** [쿠키] ku-ki **n.** cookie

□ **비스킷** [비스킫] bi-seu-kit **n.** biscuit

□ **음료** [음:뇨] eum-nyo **n.** beverage, drink
= **음료수** [음:뇨수] eum-nyo-su

□ **커피** [커피] keo-pi **n.** coffee

□ **아이스커피** [아이스커피] a-i-seu-keo-pi
n. iced coffee
= **냉커피** [냉커피] naeng-keo-pi

□ **에스프레소** [에스프레소] e-seu-peu-re-so
n. espresso

□ **카페라테** [카페라테] ka-pe-ra-te **n.** caffe latte

226

□ **카페모카** [카페모카] ka-pe-mo-ka **n.** mocha

□ **캐러멜마키아토** [캐러멜마키아토]

kae-reo-mel-ma-ki-a-to

n. caramel macchiato

□ **차** [차] cha **n.** tea

□ **홍차** [홍차] hong-cha **n.** (black) tea

□ **녹차** [녹차] nok-cha **n.** green tea

□ **허브차** [허브차] heo-beu-cha **n.** herb tea

□ **인삼차** [인삼차] in-sam-cha **n.** ginseng tea

□ **생강차** [생강차] saeng-gang-cha **n.** ginger tea

□ **대추차** [대:추차] dae-chu-cha **n.** jujube tea

□ **주스** [주스] ju-seu **n.** juice

□ **오렌지주스** [오렌지주스] o-ren-ji-ju-seu
   n. orange juice

□ **레모네이드** [레모네이드] re-mo-ne-i-deu
   n. lemonade

□ **탄산수** [탄:산수] tan-san-su
   n. carbonated water
   = **소다수** [소다수] so-da-su

□ **탄산음료** [탄:사늠뇨] tan-sa-neum-nyo n. soda

□ **콜라** [콜라] kol-ra n. Coke

□ **사이다** [사이다] sa-i-da n. Sprite, 7UP

□ **술** [술] sul n. alcohol

□ **샴페인** [샴페인] syam-pe-in n. champagne

□ **맥주** [맥쭈] maek-jju n. beer

□ **양주** [양주] yang-ju **n.** liquor, spirits

□ **위스키** [위스키] wi-seu-ki **n.** whisky

□ **포도주** [포도주] po-do-ju **n.** wine
  = **와인** [와인] wa-in

□ **소주** [소주] so-ju **n.** Korean distilled spirits

□ **막걸리** [막껄리] mak-ggeol-ri
  n. white rice wine

□ **동동주** [동동주] dong-dong-ju
  n. sweet rice wine

□ **얼음** [어름] eo-reum **n.** ice

□ **컵** [컵] keop **n.** cup

□ **유리컵** [유리컵] yu-ri-keop **n.** glass
  = **유리잔** [유리잔] yu-ri-jan

□ **찻잔** [차짠/찯짠] cha-jjan/chat-jjan **n.** teacup

□ **빨대** [빨때] bbal-ddae **n.** straw

□ **계산서** [계:산서/게:산서] gye-san-seo/ge-san-seo
n. bill

□ **팁** [팁] tip **n.** tip
= **봉사료** [봉:사료] bong-sa-ryo

□ **냅킨** [냅킨] naep-kin **n.** napkin

□ **수저** [수저] su-jeo **n.** spoon and chopsticks

□ **숟가락** [숟까락] sut-gga-rak **n.** spoon
= **숟갈** [숟깔] sut-ggal

□ **찻숟가락** [차쏟까락/찯쏟까락]
cha-ssut-gga-rak/chat-ssut-gga-rak **n.** teaspoon
= **티스푼** [티스푼] ti-seu-pun

□ **젓가락** [저까락/젇까락] jeo-gga-rak/jeot-gga-rak
n. chopsticks
= **젓갈** [저깔/젇깔] jeo-ggal/jeot-ggal

□ **나이프** [나이프] na-i-peu
n. knife (for Western dishes)

□ **포크** [포크] po-keu **n.** fork

□ **맛** [맏] mat **n.** taste

□ **맛보다** [맏뽀다] mat-bbo-da **v.** taste

□ **맛있다** [마딛따/마싣따] ma-dit-dda/ma-sit-dda
a. delicious, tasty

□ **맛없다** [마덥따] ma-deop-dda **a.** tasteless

□ **짜다** [짜다] jja-da **a.** salty

□ **짭짤하다** [짭짤하다] jjap-jjal-ha-da
a. a bit salty

231

☐ **달다** [달다] dal-da **a. sweet**

☐ **달콤하다** [달콤하다] dal-kom-ha-da
  a. sugary, honeyed

☐ **시다** [시다] si-da **a. sour**

☐ **새콤하다** [새콤하다] sae-kom-ha-da
  a. a bit sour

☐ **쓰다** [쓰다] sseu-da **a. bitter**

☐ **씁쓸하다** [씁쓸하다] sseup-sseul-ha-da
  a. a bit bitter

☐ **맵다** [맵따] maep-dda **a. hot, spicy**

☐ **매콤하다** [매콤하다] mae-kom-ha-da
  a. a bit hot, a bit spicy

☐ **담백하다** [담:배카다] dam-bae-ka-da **a. plain**

□ **싱겁다** [싱겁따] sing-geop-dda

a. plain, not salty

17

□ **느끼하다** [느끼하다] neu-ggi-ha-da **a. greasy**

□ **상점** [상점] sang-jeom **n.** store, shop

= **가게** [가ː게] ga-ge

□ **구멍가게** [구멍가게] gu-meong-ga-ge

n. small store

□ **시장** [시ː장] si-jang **n.** market

□ **재래시장** [재ː래시장] jae-rae-si-jang

n. traditional market, bazaar

□ **벼룩시장** [벼룩씨장] byeo-ruk-ssi-jang

n. flea market

□ **쇼핑센터** [쇼핑센터] syo-ping-sen-teo

n. shopping mall

= **쇼핑몰** [쇼핑몰] syo-ping-mol

□ **슈퍼마켓** [슈퍼마켇] syu-peo-ma-ket

  n. supermarket

  = **슈퍼** [슈퍼] syu-peo

□ **편의점** [펴늬점/펴니점]

  pyeo-nui-jeom/pyeo-ni-jeom

  n. convenience store

□ **백화점** [배콰점] bae-kwa-jeom

  n. department store

□ **장보기** [장보기] jang-bo-gi **n.** shopping

  = **쇼핑** [쇼핑] syo-ping

□ **쇼핑하다** [쇼핑하다] syo-ping-ha-da

  v. go shopping

□ **장바구니** [장빠구니] jang-bba-gu-ni

  n. shopping bag

  = **시장바구니** [시:장빠구니] si-jang-bba-gu-ni

□ **카트** [카트] ka-teu **n. cart, trolley**

□ **구입** [구입] gu-ip **n. buy, purchase**
  = **구매** [구매] gu-mae

□ **사다** [사다] sa-da **v. buy**

□ **판매** [판매] pan-mae **n. sale**

□ **팔다** [팔다] pal-da **v. sell**

□ **판촉** [판촉] pan-chok **n. sales promotion**

□ **판촉물** [판총물] pan-chong-mul
  n. sales promotion gift

□ **상품** [상품] sang-pum **n. product, goods**
  = **물건** [물건] mul-geon

□ **재고** [재:고] jae-go **n. stock**
  = **재고품** [재:고품] jae-go-pum

□ **유통기한** [유통기한] yu-tong-gi-han
  date of expiration

□ **품질** [품·질] pum-jil **n.** quality

□ **품절** [품·절] pum-jeol
  n. out of stock, sold-out

□ **냉동품** [냉·동품] naeng-dong-pum
  n. frozen products

□ **농산물** [농산물] nong-san-mul
  n. farm products

□ **수산물** [수산물] su-san-mul **n.** seafood

□ **유제품** [유제품] yu-je-pum **n.** dairy products

□ **인스턴트식품** [인스턴트식품]
  in-seu-teon-teu-sik-pum **n.** instant food
  = **즉석식품** [즉썩씩품] jeuk-sseok-ssik-pum

□ **공산품** [공산품] gong-san-pum

n. industrial products

□ **전자 제품** [전:자 제품] jeon-ja je-pum

electric appliances

□ **상인** [상인] sang-in

n. merchant, trader, seller

= **장사꾼** [장사꾼] jang-sa-ggun

□ **점원** [점:원] jeom-won

n. salesclerk, salesperson

= **판매원** [판매원] pan-mae-won

□ **계산** [계:산/계:산] gye-san/ge-san

n. payment, calculation

□ **계산대** [계:산대/계:산대] gye-san-dae/ge-san-dae

n. counter

□ **계산원** [계:사원/게:사원] gye-sa-nwon/ge-sa-nwon
   n. cashier

□ **영수증** [영수증] yeong-su-jeung **n.** receipt

□ **계산서** [계:산서/게:산서] gye-san-seo/ge-san-seo
   n. bill
   = **청구서** [청구서] cheong-gu-seo

□ **지불** [지불] ji-bul **n.** payment

□ **내다** [내:다] nae-da **v.** pay

□ **신용카드** [시:뇽카드] si-nyong-ka-deu
   credit card
   = **크레디트카드** [크레디트카드]
   keu-re-di-teu-ka-deu

□ **체크카드** [체크카드] che-keu-ka-deu debit card

□ **현금** [현:금] hyeon-geum **n.** cash
   = **현찰** [현:찰] hyeon-chal

239

□ **교환** [교환] gyo-hwan **n.** exchange

□ **바꾸다** [바꾸다] ba-ggu-da
   v. change, transfer

□ **환불** [환불] hwan-bul **n.** refund

□ **반품** [반ː품] ban-pum **n.** return

□ **진열** [지ː녈] ji-nyeol **n.** showcase

□ **고객** [고객] go-gaek **n.** customer, shopper

□ **단골손님** [단골손님] dan-gol-son-nim
   n. regular customer
   = **단골** [단골] dan-gol

□ **비싸다** [비싸다] bi-ssa-da
   a. expensive, high-priced

□ **싸다** [싸다] ssa-da **a.** cheap, low-priced
   = **저렴하다** [저ː렴하다] jeo-ryeom-ha-da

□ **싸구려** [싸구려] ssa-gu-ryeo **n.** cheapie

□ **절약하다** [저랴카다] jeo-rya-ka-da **v.** save
  = **아끼다** [아끼다] a-ggi-da

□ **할인** [하린] ha-rin **n.** discount, sale
  = **세일** [세일] se-il
  = **에누리** [에누리] e-nu-ri

□ **특가** [특까] teuk-gga **n.** special price

□ **염가** [염까] yeom-gga **n.** bargain price

□ **덤** [덤:] deom
  n. extra, addition, something thrown in

□ **빵집** [빵찝] bbang-jjip **n.** bakery

□ **분식집** [분식찝] bun-sik-jjip
  n. small restaurant, snack bar

□ **채소 가게** [채:소 가게] chae-so ga-ge

vegetable store

□ **과일 가게** [과:일 가게] gwa-il ga-ge fruit store

□ **정육점** [정육쩜] jeong-yuk-jjeom

n. butcher shop, meat market

□ **생선 가게** [생선 가:게] saeng-seon ga-ge

fish shop, seafood store

□ **아이스크림 가게** [아이스크림 가:게]

a-i-seu-keu-rim ga-ge **n.** ice-cream parlor

□ **피자 가게** [피자 가:게] pi-ja ga-ge pizza parlor

□ **패스트푸드점** [패스트푸드점]

pae-seu-teu-pu-deu-jeom

n. fast food restaurant

□ **카페** [카페] ka-pe **n.** café, coffee shop

= **커피숍** [커피숍] keo-pi-syop

□ **보석상** [보:석쌍] bo-seok-ssang

   n. jewelry store

   = **금은방** [그믄빵] geo-meun-bbang

□ **서점** [서점] seo-jeom **n.** bookstore

   = **책방** [책빵] chaek-bbang

□ **헌책방** [헌:책빵] heon-chaek-bbang

   n. second-hand bookshop

□ **문방구** [문방구] mun-bang-gu

   n. stationery store

   ≒ **문구점** [문구점] mun-gu-jeom

□ **완구점** [완:구점] wan-gu-jeom **n.** toy store

   = **장난감 가게** [장난깜 가:게]

   jang-nan-ggam ga-ge

□ **안경원** [안:경원] an-gyeong-won **n.** optician

   = **안경점** [안:경점] an-gyeong-jeom

□ **옷 가게** [옫 가:게] ot ga-ge clothing store

□ **사이즈** [사이즈] sa-i-jeu **n.** size

□ **옷걸이** [옫꺼리] ot-ggeo-ri **n.** hanger

□ **마네킹** [마네킹] ma-ne-king **n.** mannequin

□ **거울** [거울] geo-ul **n.** mirror

□ **탈의실** [타리실/타리실] ta-rui-sil/ta-ri-sil
n. fitting room
= **피팅 룸** [피팅 룸] pi-ting rum

□ **신발 가게** [신발 가:게] sin-bal ga-ge shoe store

□ **스포츠용품 가게** [스포츠용:품 가:게]
seu-po-cheu-yong-pum ga-ge
sporting-goods store

□ **향수 가게** [향수 가:게] hyang-su ga-ge
perfumery

244

□ **향수** [향수] hyang-su **n. perfume**

□ **화장품 가게** [화장품 가:게] hwa-jang-pum ga-ge
cosmetics store

□ **스킨** [스킨] seu-kin **n. (skin) toner**

□ **로션** [로션] ro-syeon **n. lotion**

□ **크림** [크림] keu-rim **n. cream**

□ **아이 크림** [아이 크림] a-i keu-rim **eye cream**

□ **수분 크림** [수분 크림] su-bun keu-rim
moisturizing cream

□ **미백 크림** [미:백 크림] mi-baek keu-rim
whitening cream

□ **재생 크림** [재생 크림] jae-saeng keu-rim
regenerating cream

☐ **선크림** [선크림] seon-keu-rim **n.** sunscreen

☐ **파운데이션** [파운데이션] pa-un-de-i-syeon
n. foundation

☐ **콤팩트파우더** [콤팩트파우더]
kom-paek-teu-pa-u-deo **n.** compact powder

☐ **립스틱** [립쓰틱] rip-sseu-tik **n.** lipstick

☐ **립글로스** [립끌로스] rip-ggeul-ro-seu
n. lip gloss

☐ **아이섀도** [아이섀도] a-i-syae-do
n. eye shadow

☐ **아이라이너** [아이라이너] a-i-ra-i-neo
n. eye liner

☐ **마스카라** [마스카라] ma-seu-ka-ra **n.** mascara

□ **블러셔** [블러셔] beul-reo-syeo
   n. blush, blusher

□ **매니큐어** [매니큐어] mae-ni-kyu-eo
   n. nail polish

□ **세탁소** [세:탁쏘] se-tak-sso n. laundry

□ **드라이클리닝** [드라이클리닝] deu-ra-i-keul-ri-ning
   n. dry cleaning

□ **얼룩** [얼룩] eol-ruk n. stain

□ **제거** [제거] je-geo n. removal

□ **다리미질** [다리미질] da-ri-mi-jil n. ironing
   = **다림질** [다림질] da-rim-jil

□ **수선** [수선] su-seon n. repair, mending

□ **미용실** [미:용실] mi-yong-sil

　n. beauty parlor, beauty salon

　= **미장원** [미:장원] mi-jang-won

□ **이발소** [이:발쏘] i-bal-sso **n.** barbershop

　= **이발관** [이:발관] i-bal-gwan

□ **약국** [약꾹] yak-gguk **n.** pharmacy

□ **꽃집** [꼳찝] ggot-jjip **n.** flower shop

□ **공인중개소** [공인중개소] gong-in-jung-gae-so

　real estate agent

□ **여행사** [여행사] yeo-haeng-sa

　n. travel agency

19과 **Hospitals & Banks**
병원 & 은행 byeong-won & eun-haeng **MP3. U19**

☐ **병원** [병:원] byeong-won **n. hospital, clinic**

☐ **종합병원** [종합병:원] jong-hap-byeong-won
hospital

☐ **진료소** [질:료소] jil-ryo-so **n. clinic**

☐ **보건소** [보:건소] bo-geon-so
n. public health center

☐ **의사** [의사] ui-sa **n. doctor**

☐ **간호사** [간호사] gan-ho-sa **n. nurse**

☐ **환자** [환:자] hwan-ja **n. patient**

☐ **진찰** [진:찰] jin-chal **n. consult**

☐ **증세** [증세] jeung-se **n. symptom**
= **증상** [증상] jeung-sang

□ **고통** [고통] go-tong **n. pain, agony**

□ **통증** [통:쯩] tong-jjeung **n. pain, agony**

□ **아프다** [아프다] a-peu-da **a. painful**
= **고통스럽다** [고통스럽따] go-tong-seu-reop-dda
= **괴롭다** [괴롭따/궤롭따] goe-rop-dda/gwe-rop-dda

□ **따갑다** [따갑따] dda-gap-dda **a. sore**

□ **쑤시다** [쑤시다] ssu-si-da **v. ache**

□ **욱신거리다** [욱씬거리다] uk-ssin-geo-ri-da
v. throb, sore

□ **욱신욱신** [욱씨눅씬] uk-ssi-nuk-ssin
ad. throbbingly

□ **뻐근하다** [뻐근하다] bbeo-geun-ha-da **a. stiff**

□ **두통** [두통] du-tong **n. headache**

□ **치통** [치통] chi-tong **n.** toothache

□ **화상** [화:상] hwa-sang **n.** burn, scald

□ **의식불명** [의:식불명] ui-sik-bul-myeong
unconsciousness

□ **다치다** [다치다] da-chi-da **v.** be hurt

□ **부상** [부:상] bu-sang **n.** injury, wound, cut
= **상처** [상처] sang-cheo

□ **타박상** [타:박쌍] ta-bak-ssang **n.** contusion

□ **찰과상** [찰과상] chal-gwa-sang **n.** abrasion

□ **멍** [멍] meong
n. bruise, black-and-blue mark

□ **피멍** [피멍] pi-meong **n.** bruise

□ **흉터** [흉터] hyung-teo **n.** scar

= **흉** [흉] hyung

□ **할퀴다** [할퀴다] hal-kwi-da **v.** scratch, claw

□ **삐다** [삐:다] bbi-da **v.** sprain, wrench

= **접질리다** [접찔리다] jeop-jjil-ri-da

□ **붓다** [붇:따] but-dda

v. swell, become swollen

□ **목발** [목빨] mok-bbal **n.** crutch

□ **깁스** [깁쓰] gip-sseu **n.** plaster cast

= **석고붕대** [석꼬붕대] seok-ggo-bung-dae

□ **감기** [감:기] gam-gi **n.** cold

□ **감기에 걸리다** [감:기에 걸리다]

gam-gi-e geol-ri-da catch a cold

□ **독감** [독깜] dok-ggam **n.** influenza, the flu

= **인플루엔자** [인플루엔자] in-peul-ru-en-ja

= **유행성감기** [유행썽감:기]

yu-haeng-sseong-gam-gi

□ **기침** [기침] gi-chim **n.** cough

□ **재채기** [재채기] jae-chae-gi **n.** sneezing

□ **콜록콜록** [콜록콜록] kol-rok-kol-rok

ad. cough cough

□ **열** [열] yeol **n.** fever

□ **열나다** [열라다] yeol-ra-da **v.** run a fever

□ **고열** [고열] go-yeol **n.** high fever

□ **미열** [미열] mi-yeol **n.** slight fever

□ **몸살** [몸살] mom-sal

n. ache all over one's body from a cold

□ **오한** [오한] o-han **n.** chill

□ **소화불량** [소화불량] so-hwa-bul-ryang
  indigestion, dyspepsia

□ **속 쓰림** [속 쓰림] sok sseu-rim **sour stomach**

□ **위염** [위염] wi-yeom **n.** gastritis

□ **맹장염** [맹장념] maeng-jang-nyeom
  n. appendicitis

□ **메스껍다** [메스껍따] me-seu-ggeop-dda
  a. nauseous

□ **체** [체] che **n.** upset stomach

□ **배탈** [배탈] bae-tal **n.** upset stomach

□ **체하다** [체하다] che-ha-da
  v. have an upset stomach

□ **구토** [구토] gu-to **n.** vomiting

□ **입덧** [입떧] ip-ddeot **n.** morning sickness

□ **설사** [설싸] seol-ssa **n.** diarrhea

□ **변비** [변비] byeon-bi **n.** constipation

□ **혈압** [혀랍] hyeo-rap **n.** blood pressure

□ **고혈압** [고혀랍] go-hyeo-rap
　n. high blood pressure, hypertension

□ **저혈압** [저:혀랍] jeo-hyeo-rap
　n. low blood pressure, hypotension

□ **현기증** [현:기쯩] hyeon-gi-jjeung **n.** dizziness
　= **어지럼증** [어지럼쯩] eo-ji-reom-jjeung

□ **어지럽다** [어지럽따] eo-ji-reop-dda **a.** dizzy

□ **빈혈** [빈혈] bin-hyeol **n.** anemia

☐ **두드러기** [두드러기] du-deu-reo-gi **n.** hives

☐ **뽀루지** [뽀루지] bbyo-ru-ji
  n. pimple, eruption, rash

☐ **알레르기** [알레르기] al-re-reu-gi **n.** allergy

☐ **가렵다** [가렵따] ga-ryeop-dda **a.** itchy

☐ **부르트다** [부르트다] bu-reu-teu-da **v.** blister

☐ **유전병** [유전뼝] yu-jeon-bbyeong
  n. hereditary disease

☐ **치과** [치꽈] chi-ggwa **n.** dental clinic

☐ **앞니** [암니] am-ni **n.** front tooth

☐ **송곳니** [송:곤니] song-gon-ni **n.** canine tooth

☐ **어금니** [어금니] eo-geum-ni **n.** back tooth

☐ **사랑니** [사랑니] sa-rang-ni **n.** wisdom tooth

충치 [충치] chung-chi

n. cavity, decayed tooth

잇몸 [인몸] in-mom n. gum

스케일링 [스케일링] seu-ke-il-ring n. scaling

치아 교정 [치아 교:정] chi-a gyo-jeong

orthodontics

치아 교정기 [치아 교:정기] chi-a gyo-jeong-gi

brace

입원 [이붠] i-bwon n. hospitalization

입원하다 [이붠하다] i-bwon-ha-da

v. go into a hospital, be hospitalized

퇴원 [퇴:원/퉤:원] toe-won/twe-won

n. discharge from a hospital

퇴원하다 [퇴:원하다/퉤:원하다]

toe-won-ha-da/twe-won-ha-da

v. leave the hospital

수술 [수술] su-sul n. surgery, operation

마취 [마취] ma-chwi n. anesthesia

전신마취 [전신마취] jeon-sin-ma-chwi

general anesthesia

국소마취 [국쏘마취] guk-sso-ma-chwi

local anesthesia

= **국부마취** [국뿌마취] guk-bbu-ma-chwi

의료보험 [의료보:험] ui-ryo-bo-heom

medical insurance

진단서 [진:단서] jin-dan-seo

n. medical certificate

19

□ **처방서** [처:방서] cheo-bang-seo **n.** prescription
= **처방전** [처:방전] cheo-bang-jeon

□ **약국** [약꾹] yak-gguk **n.** pharmacy

□ **약** [약] yak **n.** medicine

□ **진통제** [진:통제] jin-tong-je
n. painkiller, analgesic

□ **해열제** [해:열쩨] hae-yeol-jje **n.** antifebrile

□ **소화제** [소화제] so-hwa-je
n. digestive medicine

□ **수면제** [수면제] su-myeon-je **n.** sleeping pill

□ **부작용** [부:자공] bu-ja-gyong **n.** side effect

□ **연고** [연:고] yeon-go **n.** ointment

□ **붕대** [붕대] bung-dae **n.** bandage

□ **반창고** [반창고] ban-chang-go
  n. Band-Aid, sticking plaster

□ **은행** [은행] eun-haeng n. bank

□ **돈** [돈:] don n. money

□ **화폐** [화:폐/화:페] hwa-pye/hwa-pe
  n. money, currency

□ **통화** [통화] tong-hwa n. currency

□ **현금** [현:금] hyeon-geum n. cash

□ **지폐** [지폐/지페] ji-pye/ji-pe n. bill, note

□ **동전** [동전] dong-jeon n. coin
  = **주화** [주:화] ju-hwa

□ **수표** [수표] su-pyo n. check, cheque

□ **증권** [증꿘] jeung-ggwon n. stock

계좌 [계:좌/게:좌] gye-jwa/ge-jwa **n. account**

통장 [통장] tong-jang
n. bankbook, passbook

저축 [저:축] jeo-chuk **n. deposit, saving**
= **저금** [저:금] jeo-geum
= **예금** [예:금] ye-geum

보통예금 [보:통예:금] bo-tong-ye-geum
regualr savings account

정기예금 [정:기예:금] jeong-gi-ye-geum
fixed deposit account

적금 [적끔] jeok-ggeum
n. installment savings account

입금 [입끔] ip-ggeum **n. deposit**

입금하다 [입끔하다] ip-ggeum-ha-da **v. deposit**

□ **출금** [출금] chul-geum **n.** withdrawal
= **인출** [인출] in-chul

□ **출금하다** [출금하다] chul-geum-ha-da
v. withdraw
= **인출하다** [인출하다] in-chul-ha-da
= **돈을 찾다** [도늘 찯따] do-neul chat-dda

□ **잔고** [잔고] jan-go **n.** balance

□ **조회** [조:회/조:훼] jo-hoe/jo-hwe **n.** inquiry

□ **이체** [이체] i-che **n.** credit transfer

□ **자동이체** [자동이체] ja-dong-i-che
automatic withdrawal

□ **송금** [송:금] song-geum **n.** transfer

□ **이자** [이:자] i-ja **n.** interest

□ **금리** [금니] geum-ni **n.** rate of interest

□ **대출** [대:출] dae-chul **n.** loan

□ **빚** [빋] bit **n.** debt

□ **금융** [금늉/그뮹] geum-nyung/geu-myung
   n. finance

□ **외화** [외:화/웨:화] oe-hwa/we-hwa
   n. foreign currency

□ **환율** [화:뉼] hwa-nyul **n.** exchange rate

□ **환전** [환:전] hwan-jeon **n.** exchange

□ **환전하다** [환:전하다] hwan-jeon-ha-da
   v. exchange, change into

□ **환전소** [환:전소] hwan-jeon-so
   n. currency exchange booth

□ **원화** [원화] won-hwa
   n. won(Korean currency unit)

264

□ **원** [원] won

    b.n. won(Korean currency unit)

□ **달러** [달러] dal-reo **n./b.n.** dollar

□ **모기지** [모기지] mo-gi-ji **n.** mortgage

19

□ **모기지대출** [모기지대출] mo-gi-ji-dae-chul

    mortgage loan

□ **신용카드** [시:뇽카드] si-nyong-ka-deu

    credit card

□ **체크카드** [체크카드] che-keu-ka-deu debit card

□ **발급** [발급] bal-geup **n.** issue

□ **수수료** [수수료] su-su-ryo **n.** fee

□ **에이티엠** [에이티엠] e-i-ti-em

    n. ATM(automated teller machine)

    = **현금인출기** [현:금인출기] hyeon-geum-in-chul-gi

265

□ **인터넷 뱅킹** [인터넫 뱅킹] in-teo-net baeng-king

Internet banking

□ **비밀번호** [비:밀번호] bi-mil-beon-ho

n. password,

PIN(personal identification number)

= **패스워드** [패스워드] pae-seu-wo-deu

19

20과 **Transportation**
교통 gyo-tong

□ **교통** [교통] gyo-tong **n.** transportation

□ **대중교통** [대:중교통] dae-jung-gyo-tong

n. public transportation

□ **표** [표] pyo **n.** ticket

□ **차표** [차표] cha-pyo **n.** (bus/train) ticket
= **승차권** [승차꿘] seung-cha-ggwon

□ **기차표** [기차표] gi-cha-pyo **n.** (railroad) ticket

□ **매표소** [매:표소] mae-pyo-so **n.** ticket office

□ **요금** [요:금] yo-geum **n.** fare, charge, fee

□ **개찰구** [개:찰구] gae-chal-gu **n.** wicket

□ **시간표** [시간표] si-gan-pyo **n.** timetable

□ **노선** [노:선] no-seon **n.** line

□ **지하철노선도** [지하철노:선도]

  ji-ha-cheol-no-seon-do **subway line map**

□ **목적지** [목쩍찌] mok-jjeok-jji **n. destination**

  = **행선지** [행선지] haeng-seon-ji

□ **차선** [차선] cha-seon **n. lane**

□ **버스전용차선** [버스저뇽차선]

  beo-seu-jeo-nyong-cha-seon **bus lane**

  = **버스전용차로** [버스저뇽차로]

  beo-seu-jeo-nyong-cha-ro

□ **정류장** [정뉴장] jeong-nyu-jang **n. stop**

  = **정류소** [정뉴소] jeong-nyu-so

□ **종점** [종쩜] jong-jjeom **n. last stop**

□ **환승** [환:승] hwan-seung **n. transfer**

□ **환승하다** [환:승하다] hwan-seung-ha-da

  v. transfer

환승역 [환:승녁] hwan-seung-nyeok
n. transfer station

지하철 [지하철] ji-ha-cheol n. subway, metro

지하철역 [지하철력] ji-ha-cheol-ryeok
n. subway station

버스 [버스] beo-seu n. bus

시내버스 [시:내버스] si-nae-beo-seu n. city bus

고속버스 [고속뻐스] go-sok-bbeo-seu
n. express bus

택시 [택씨] taek-ssi n. taxi, cab

전차 [전:차] jeon-cha
n. streetcar, trolley car, tram

기차 [기차] gi-cha n. train
= **열차** [열차] yeol-cha

□ **기차역** [기차역] gi-cha-yeok **n.** train station

□ **급행열차** [그팽녈차] geu-paeng-nyeol-cha
n. express train
= **급행** [그팽] geu-paeng

□ **완행열차** [완:행녈차] wan-haeng-nyeol-cha
n. local train
= **완행** [완:행] wan-haeng

□ **플랫폼** [플랟폼] peul-raet-pom **n.** platform
= **승강장** [승강장] seung-gang-jang

□ **선로** [설로] seol-ro **n.** railroad

□ **객실** [객씰] gaek-ssil **n.** cabin

□ **침대칸** [침:대칸] chim-dae-kan
n. sleeping compartment, sleeper

□ **짐칸** [짐칸] jim-kan **n.** cargo
= **화물칸** [화:물칸] hwa-mul-kan

□ **식당 칸** [식땅 칸] sik-ddang kan **dining car**

□ **비행기** [비행기] bi-haeng-gi **n. plane, airplane**

□ **항공** [항:공] hang-gong **n. aviation**

□ **항공편** [항:공편] hang-gong-pyeon **n. flight**

□ **항공사** [항:공사] hang-gong-sa **n. airlines**

□ **공항** [공항] gong-hang **n. airport**

□ **터미널** [터미널] teo-mi-neol **n. terminal**

□ **탑승구** [탑쏭구] tap-sseung-gu
   n. departure gate

□ **항공권** [항:공꿘] hang-gong-ggwon
   n. airline ticket

□ **탑승** [탑쏭] tap-sseung **n. boarding**

□ **체크인** [체크인] che-keu-in n. check-in
   = **탑승수속** [탑씅수속] tap-sseung-su-sok

□ **탑승권** [탑씅꿘] tap-sseung-ggwon
   n. boarding pass, boarding card

□ **여권** [여꿘] yeo-ggwon n. passport
   = **패스포트** [패스포트] pae-seu-po-teu

□ **비자** [비자] bi-ja n. visa
   = **사증** [사쯩] sa-jjeung

□ **신청** [신청] sin-cheong n. application

□ **발급** [발급] bal-geup n. issue

□ **갱신** [갱:신] gaeng-sin n. renewal

□ **출발** [출발] chul-bal n. departure

□ **떠나다** [떠나다] ddeo-na-da v. leave, depart

20

273

이륙 [이:륙] i-ryuk **n.** take-off

이륙하다 [이:류카다] i-ryu-ka-da **v.** take off

착륙 [창뉵] chang-nyuk **n.** landing

착륙하다 [창뉴카다] chang-nyu-ka-da **v.** land

도착 [도:착] do-chak **n.** arrival

도착하다 [도:차카다] do-cha-ka-da **v.** arrive

편도 [편도] pyeon-do **a.** one-way

왕복 [왕:복] wang-bok **n.** round trip

직항 [지캉] ji-kang **n.** direct flight

경유 [경유] gyeong-yu **n.** via

기항지 [기항지] gi-hang-ji
n. port of call, a way station

274

좌석 [좌:석] jwa-seok **n. seat**

창가석 [창까석] chang-gga-seok
n. window seat

통로석 [통노석] tong-no-seok **n. aisle seat**

일반석 [일반석] il-ban-seok **n. economy class**
= **보통석** [보:통석] bo-tong-seok

비즈니스 클래스 [비즈니스 클래스]
bi-jeu-ni-seu keul-rae-seu business class
= **이등석** [이:등석] i-deung-seok **n.**

퍼스트 클래스 [퍼스트 클래스]
peo-seu-teu keul-rae-seu **first class**
= **일등석** [일뜽석] il-ddeung-seok **n.**

여행 가방 [여행 가방] yeo-haeng ga-bang
suitcase, trunk
= **트렁크** [트렁크] teu-reong-keu **n.**

275

□ **수하물** [수하물] su-ha-mul

   n. baggage, luggage

   = **수화물** [수화물] su-hwa-mul

□ **수하물확인증** [수하물화긴쯩]

   su-ha-mul-hwa-gin-jjeung

   baggage check, luggage ticket

□ **초과수하물** [초과수하물] cho-gwa-su-ha-mul

   excess baggage

□ **출입국** [추립꾹] chu-rip-gguk

   n. entry into and departure from the
   country

□ **출입국심사** [추립꾹심사] chu-rip-gguk-sim-sa

   immigration

□ **출입국신고서** [추립꾹신고서]

   chu-rip-gguk-sin-go-seo

   departure and landing card

□ **출입국카드** [추립꾹카드] chu-rip-gguk-ka-deu
embarkation and disembarkation card

□ **조사** [조사] jo-sa **n.** check
= **확인** [화긴] hwa-gin

□ **보안 검색** [보:안 검:색] bo-an geom-saek
security check

□ **보안 검색대** [보:안 검:색때]
bo-an geom-saek-ddae **airport security**

□ **세관** [세:관] se-gwan **n.** customs

□ **세관 검사** [세:관 검:사] se-gwan geom-sa
customs inspection

□ **세관 신고서** [세:관 신고서] se-gwan sin-go-seo
declaration card

□ **기내** [기내] gi-nae **n.** on the plane

기내식 [기내식] gi-nae-sik **n.** in-flight meal

안전띠 [안전띠] an-jeon-ddi
n. seatbelt, seat belt
= **안전벨트** [안전벨트] an-jeon-bel-teu

구명조끼 [구명조끼] gu-myeong-jo-ggi
n. life vest, life jacket

비상구 [비:상구] bi-sang-gu
n. emergency exit

면세점 [면:세점] myeon-se-jeom
n. duty free shop

면세품 [면:세품] myeon-se-pum
n. duty free goods

자전거 [자전거] ja-jeon-geo **n.** bicycle, bike

자전거도로 [자전거도로] ja-jeon-geo-do-ro
bicycle path

□ **오토바이** [오토바이] o-to-ba-i **n.** motorcycle

□ **헬멧** [헬멛] hel-met **n.** helmet

□ **배** [배] bae **n.** ship
  = **선박** [선박] seon-bak

□ **보트** [보트] bo-teu **n.** boat

□ **요트** [요트] yo-teu **n.** yacht

□ **항구** [항:구] hang-gu **n.** port, harbor

□ **멀미** [멀미] meol-mi **n.** sickness

20

279

□ **운전** [운:전] un-jeon **n.** driving

□ **운전하다** [운:전하다] un-jeon-ha-da **v.** drive

□ **운전면허** [운:전면허] un-jeon-myeon-heo
   n. driver's license

□ **운전면허 시험** [운:전면허 시험]
   un-jeon-myeon-heo si-heom driving test

□ **국제운전면허증** [국쩨운:전면허쯩]
   guk-jje-un-jeon-myeon-heo-jjeung
   international driving license,
   international driving permit

□ **자동차** [자동차] ja-dong-cha **n.** car

□ **대형자동차** [대:형자동차] dae-hyeong-ja-dong-cha
   full-size car
   = **대형차** [대:형차] dae-hyeong-cha **n.**

□ **소형자동차** [소:형자동차] so-hyeong-ja-dong-cha
  compact car
  = **소형차** [소:형차] so-hyeong-cha **n.**

□ **에스유브이** [에스유브이] e-seu-yu-beu-i
  n. SUV(sport utility vehicle)

□ **오픈카** [오픈카] o-peun-ka
  n. convertible (car)

21

□ **밴** [밴] baen **n.** van

□ **트럭** [트럭] teu-reok **n.** truck
  = **화물자동차** [화:물자동차] hwa-mul-ja-dong-cha

□ **렌터카** [렌터카] ren-teo-ka **n.** rental car

□ **핸들** [핸들] haen-deul
  n. steering wheel, handlebar

□ **파워핸들** [파워핸들] pa-wo-haen-deul
  power steering

□ **변속기어** [변:속기어] byeon-sok-gi-eo **gearshift**

□ **자동변속기** [자동변:속끼] ja-dong-byeon-sok-ggi
automatic transmission

□ **수동변속기** [수동변:속끼] su-dong-byeon-sok-ggi
manual transmission

□ **안전띠** [안전띠] an-jeon-ddi
n. seatbelt, seat belt
= **안전벨트** [안전벨트] an-jeon-bel-teu

□ **밟다** [밥:따] bap-dda **v. step on**

□ **액셀러레이터** [액셀러레이터] aek-sel-reo-re-i-teo
n. accelerator
= **액셀** [액셀] aek-sel
= **가속페달** [가속페달] ga-sok-pe-dal

□ **클러치** [클러치] keul-reo-chi **n. clutch**
= **클러치페달** [클러치페달] keul-reo-chi-pe-dal

브레이크 [브레이크] beu-re-i-keu **n.** brake

사이드브레이크 [사이드브레이크] sa-i-deu-beu-re-i-keu

side brake, emergency brake

정지 [정지] jeong-ji **n.** stop

정지하다 [정지하다] jeong-ji-ha-da **v.** stop
= **멈추다** [멈추다] meom-chu-da

범퍼 [범퍼] beom-peo **n.** bumper, fender

보닛 [보닏] bo-nit **n.** hood, bonnet

와이퍼 [와이퍼] wa-i-peo **n.** wiper

트렁크 [트렁크] teu-reong-keu
n. suitcase, trunk

□ **헤드라이트** [헤드라이트] he-deu-ra-i-teu

  n. headlight

  = **전조등** [전조등] jeon-jo-deung

□ **깜빡이** [깜빠기] ggam-bba-gi **n.** turn signal

  = **방향지시등** [방향지시등] bang-hyang-ji-si-deung

□ **비상등** [비:상등] bi-sang-deung

  n. emergency light

□ **경적** [경:적] gyeong-jeok **n.** horn, klaxon

  = **클랙슨** [클랙쓴] keul-raek-sseun

□ **백미러** [백미러] baek-mi-reo

  n. rearview mirror

□ **사이드미러** [사이드미러] sa-i-deu-mi-reo

  side-view mirror

□ **후방카메라** [후:방카메라] hu-bang-ka-me-ra

  rear-facing camera

□ **번호판** [번호판] beon-ho-pan **n.** license plate

□ **바퀴** [바퀴] ba-kwi **n.** wheel

□ **타이어** [타이어] ta-i-eo **n.** tire

□ **스노타이어** [스노타이어] seu-no-ta-i-eo
n. snow tire

□ **스페어타이어** [스페어타이어] seu-pe-eo-ta-i-eo
n. spare tire

□ **펑크** [펑크] peong-keu **n.** flat tire

□ **도로교통법** [도:로교통법] do-ro-gyo-tong-beop
the Road Traffic Law

□ **위반** [위반] wi-ban **n.** violation

□ **주차위반** [주:차위반] ju-cha-wi-ban
parking violation

21

신호위반 [신:호위반] sin-ho-wi-ban
signal violation

속도위반 [속또위반] sok-ddo-wi-ban
n. speeding

음주 운전 [음·주 운:전] eum-ju un-jeon
drunk driving

음주측정기 [음:주측쩡기] eum-ju-cheuk-jjeong-gi
breathalyzer, drunkometer

벌금 [벌금] beol-geum **n.** fine, penalty
= **범칙금** [범:칙끔] beom-chik-ggeum

표지판 [표지판] pyo-ji-pan **n.** sign

교통표지판 [교통표지판] gyo-tong-pyo-ji-pan
traffic sign

도로표지판 [도로표지판] do-ro-pyo-ji-pan
road sign

□ **일방통행** [일방통행] il-bang-tong-haeng

n. one way

□ **신호등** [신:호등] sin-ho-deung n. traffic lights

□ **빨간불** [빨간불] bbal-gan-bul n. red light
= **적신호** [적씬호] jeok-ssin-ho

□ **파란불** [파란불] pa-ran-bul n. green light
= **청신호** [청신호] cheong-sin-ho
= **초록불** [초록뿔] cho-rok-bbul
= **녹색등** [녹색뜽] nok-ssaek-ddeung

□ **노란불** [노란불] no-ran-bul

n. yellow light, orange light

□ **횡단보도** [횡단보도/휑단보도]

hoeng-dan-bo-do/hweng-dan-bo-do

n. pedestrian crossing

□ **무단횡단** [무단횡단/무단휑단]
mu-dan-hoeng-dan/mu-dan-hweng-dan **jaywalk**

□ **건널목** [건ː널목] geon-neol-mok
n. (railway) crossing

□ **육교** [육꾜] yuk-ggyo
n. pedestrian overpass

□ **지하도** [지하도] ji-ha-do **n.** underpass

□ **운전자** [운ː전자] un-jeon-ja **n.** driver

□ **보행자** [보ː행자] bo-haeng-ja
n. pedestrian, walker
= **행인** [행인] haeng-in

□ **속도** [속또] sok-ddo **n.** speed
= **스피드** [스피드] seu-pi-deu

□ **제한속도** [제한속또] je-han-sok-ddo
speed limit

□ **과속** [과:속] gwa-sok **n.** over the speed limit

□ **빠르다** [빠르다] bba-reu-da **a.** fast

□ **빨리** [빨리] bbal-ri **ad.** fast, quickly

□ **급하다** [그파다] geo-pa-da **a.** urgent

□ **급히** [그피] geu-pi **ad.** in a hurry

□ **느리다** [느리다] neu-ri-da **a.** slow

□ **천천히** [천:천히] cheon-cheon-hi **ad.** slowly

□ **주유** [주:유] ju-yu **n.** refueling

□ **주유소** [주:유소] ju-yu-so **n.** gas station

□ **셀프 주유소** [셀프 주:유소] sel-peu ju-yu-so
self serve station

□ **휘발유** [휘발류] hwi-bal-ryu **n.** gasoline, gas
= **가솔린** [가솔린] ga-sol-rin

경유 [경유] gyeong-yu **n.** diesel
 = **디젤유** [디젤류] di-jel-ryu

천연가스 [처년가스] cheo-nyeon-ga-seu
n. natural gas

리터 [리터] li-teo **b.n.** liter

양 [양] yang **n.** quantity

연비 [연비] yeon-bi **n.** fuel efficiency

세차 [세:차] se-cha **n.** washing a car

세차장 [세:차장] se-cha-jang **n.** car wash

주차 [주:차] ju-cha **n.** parking

정차 [정차] jeong-cha **n.** stop

주차장 [주:차장] ju-cha-jang
n. parking lot, car park

무료 주차장 [무료 주:차장] mu-ryo ju-cha-jang
free parking

유료 주차장 [유:료 주:차장] yu-ryo ju-cha-jang
paid parking

주차금지 [주:차금:지] ju-cha-geum-ji
no parking

불법주차 [불법주:차/불뻡주:차]
bul-beop-ju-cha/bul-bbeop-ju-cha
illegal parking
= **무단주차** [무단주:차] mu-dan-ju-cha

주차단속 [주:차단속] ju-cha-dan-sok
crackdown on illegal parking

러시아워 [러시아워] reo-si-a-wo **n.** rush hour

교통체증 [교통체증] gyo-tong-che-jeung
traffic jam
= **교통정체** [교통정체] gyo-tong-jeong-che

□ **찻길** [차낄/찯낄] cha-ggil/chat-ggil **n.** roadway
  = **차도** [차도] cha-do

□ **차선** [차선] cha-seon **n.** lane

□ **중앙선** [중앙선] jung-ang-seon
  n. the center line

□ **유턴** [유턴] yu-teon **n.** U-turn

□ **좌회전** [좌:회전/좌:훼전] jwa-hoe-jeon/jwa-hwe-jeon
  n. left-turn

□ **우회전** [우:회전/우:훼전] u-hoe-jeon/u-hwe-jeon
  n. right-turn

□ **도로** [도:로] do-ro **n.** road, street

□ **고속도로** [고속도:로] go-sok-do-ro
  n. highway, expressway

□ **유료도로** [유:료도:로] yu-ryo-do-ro toll road

□ **통행료** [통행뇨] tong-haeng-nyo **n.** toll fee

□ **교차로** [교차로] gyo-cha-ro
  n. intersection, junction

□ **사거리** [사ː거리] sa-geo-ri **n.** crossroads

□ **로터리** [로터리] ro-teo-ri **n.** roundabout

□ **갓길** [가ː낄/갇ː낄] ga-ggil/gat-ggil
  n. shoulder (of the road)

□ **터널** [터널] teo-neol **n.** tunnel

□ **보도** [보ː도] bo-do **n.** sidewalk
  = **인도** [인도] in-do
  = **보행로** [보ː행노] bo-haeng-no

□ **숙박** [숙빡] suk-bbak **n. stay**

□ **머무르다** [머무르다] meo-mu-reu-da **v. stay**
  = **묵다** [묵따] muk-dda
  = **체류하다** [체류하다] che-ryu-ha-da

□ **숙소** [숙쏘] suk-sso **n. accommodation**
  = **숙박 시설** [숙빡 시ː설] suk-bbak si-seol

□ **호텔** [호텔] ho-tel **n. hotel**

□ **호스텔** [호스텔] ho-seu-tel **n. hostel**

□ **유스호스텔** [유스호스텔] yu-seu-ho-seu-tel
  youth hostel

□ **모텔** [모텔] mo-tel **n. motel**

□ **여관** [여관] yeo-gwan **n. inn**

민박 [민박] min-bak

n. B&B(Bed and Breakfast)

프런트 [프런트] peu-reon-teu

n. reception, front desk

로비 [로비] ro-bi n. lobby

체크인 [체크인] che-keu-in n. check-in

체크아웃 [체크아웃] che-keu-a-ut n. check-out

객실 [객씰] gaek-ssil n. room

싱글룸 [싱글룸] sing-geul-rum single room

더블룸 [더블룸] deo-beul-rum double room

스위트룸 [스위트룸] seu-wi-teu-rum n. suite

룸서비스 [룸서비스] rum-seo-bi-seu

n. room service

22

□ **만족** [만족] man-jok **n.** satisfaction

□ **만족하다** [만조카다] man-jo-ka-da
  a. satisfied **v.** satisfy

□ **불평** [불평] bul-pyeong **n.** complaint

□ **불평하다** [불평하다] bul-pyeong-ha-da
  v. complain
  = **투덜거리다** [투덜거리다] tu-deol-geo-ri-da

□ **시설** [시:설] si-seol **n.** facility

□ **설비** [설비] seol-bi **n.** equipment

□ **냉난방** [냉:난방] naeng-nan-bang
  n. air conditioning and heating

□ **냉방** [냉:방] naeng-bang **n.** air conditioning

□ **난방** [난:방] nan-bang **n.** heating

□ **통풍** [통풍] tong-pung **n.** ventilation
= **환기** [환:기] hwan-gi

□ **호텔종사자** [호텔종사자] ho-tel-jong-sa-ja
hotel staff

□ **도어맨** [도어맨] do-eo-man **n.** doorman

□ **호텔포터** [호텔포터] ho-tel-po-teo
bellhop, bellboy

□ **화장실** [화장실] hwa-jang-sil
n. toilet, restroom

□ **세탁실** [세:탁씰] se-tak-ssil **n.** laundry room

□ **음식점** [음:식쩜] eum-sik-jjeom **n.** restaurant
= **식당** [식땅] sik-ddang
= **레스토랑** [레스토랑] re-seu-to-rang

□ **뷔페** [뷔페] bwi-pe **n.** buffet

무선인터넷 [무선인터넫] mu·seon·in·teo·net
wireless Internet

근거리 무선망 [근:거리 무선망]
geun·geo·ri·mu·seon·mang **Wi-Fi**

깨끗하다 [깨끄타다] ggae·ggeu·ta·da **a. clean**
＝ **청결하다** [청결하다] cheong·gyeol·ha·da

더럽다 [더:럽따] deo·reop·dda **a. dirty**
＝ **지저분하다** [지저분하다] ji·jeo·bun·ha·da
＝ **불결하다** [불결하다] bul·gyeol·ha·da

편안하다 [펴난하다] pyeo·nan·ha·da
a. comfortable
＝ **안락하다** [알라카다] al·ra·ka·da

불편하다 [불편하다] bul·pyeon·ha·da
a. uncomfortable, inconvenient

전망 [전:망] jeon·mang **n. view**

□ **비치파라솔** [비치파라솔] bi-chi-pa-ra-sol
　 n. beach umbrella
　 = **파라솔** [파라솔] pa-ra-sol

□ **수영장** [수영장] su-yeong-jang
　 n. swimming pool, pool
　 = **풀장** [풀장] pul-jang

□ **요금** [요:금] yo-geum n. charge, fare, fee

□ **할인요금** [하린요:금] ha-rin-yo-geum discount

□ **추가 요금** [추가 요:금] chu-ga yo-geum
　 extra charge

□ **가격** [가격] ga-gyeok n. price
　 = **값** [갑] gap

□ **비용** [비:용] bi-yong n. cost
　 = **경비** [경비] gyeong-bi

□ **보증금** [보증금] bo-jeung-geum n. deposit

□ **지불** [지불] ji-bul **n.** payment

= **결제** [결쩨] gyeol-jje

□ **선불** [선불] seon-bul **n.** prepayment

□ **후불** [후:불] hu-bul **n.** paying later

□ **추가** [추가] chu-ga **n.** addition

□ **세금** [세:금] se-geum **n.** tax

□ **면세** [면:세] myeon-se **n.** tax-free

□ **박** [박] bak **b.n.** (a trip for) night

□ **예약** [예:약] ye-yak **n.** reservation, booking

□ **예약하다** [예:야카다] ye-ya-ka-da

v. reserve, book, make a reservation

□ **취소** [취:소] chwi-so **n.** cancellation

□ **취소하다** [취:소하다] chwi-so-ha-da **v.** cancel

□ **빈방** [빈:방] bin-bang **n.** vacancy

□ **침구** [침:구] chim-gu **n.** bedding

□ **이불** [이불] i-bul **n.** duvet

□ **시트** [시트] si-teu **n.** sheet

□ **담요** [담:뇨] dam-nyo **n.** blanket

□ **베개** [베개] be-gae **n.** pillow

22

□ **수건** [수:건] su-geon **n.** towel

□ **샴푸** [샴푸] syam-pu **n.** shampoo

□ **린스** [린스] rin-seu **n.** rinse

□ **보디 샴푸** [보디 샴푸] bo-di syam-pu
body wash

□ **비누** [비누] bi-nu **n.** soap

□ **샤워 캡** [샤워 캡] sya-wo kaep shower cap

□ **칫솔** [치쏠/칟쏠] chi-ssol/chit-ssol n. toothbrush

□ **치약** [치약] chi-yak n. toothpaste

□ **빗** [빋] bit n. comb
= **머리빗** [머리빋] meo-ri-bit

□ **면도** [면:도] myeon-do n. shaving

□ **면도기** [면:도기] myeon-do-gi n. razor, shaver

□ **드라이어** [드라이어] deu-ra-i-eo
  n. blower, hair drier, hair dryer
= **헤어드라이어** [헤어드라이어] he-eo-deu-ra-i-eo

□ **화장지** [화장지] hwa-jang-ji n. toilet paper
= **휴지** [휴지] hyu-ji

□ **티슈** [티슈] ti-syu n. tissue

냉장고 [냉:장고] naeng-jang-go **n. refrigerator**

커피포트 [커피포트] keo-pi-po-teu
n. coffee pot

미니바 [미니바] mi-ni-ba **n. minibar**

다리미 [다리미] da-ri-mi **n. iron**

금고 [금고] geum-go **n. safe**

22

23과 **Sightseeing**
관광 gwan-gwang

MP3. U23

☐ **관광** [관광] gwan-gwang **n.** sightseeing

☐ **여행** [여행] yeo-haeng **n.** trip, tour, journey
= **유람** [유람] yu-ram

☐ **일주** [일쭈] il-jju **n.** traveling around

☐ **세계 일주** [세:계 일쭈/세:게 일쭈]
se-gye il-jju/se-ge il-jju
traveling around the world

☐ **전국 일주** [전국 일쭈] jeon-guk il-jju
traveling around the country

☐ **당일 여행** [당일 여행] dang-il yeo-haeng
day trip

☐ **크루즈** [크루즈] keu-ru-jeu **n.** cruise

☐ **식도락** [식또락] sik-ddo-rak **n.** gourmandism

304

□ **미식가** [미:식까] mi-sik-gga **n. gourmet**

□ **안내인** [안:내인] an-nae-in **n. guide**
  = **가이드** [가이드] ga-i-deu

□ **관광 안내소** [관광 안:내소] gwan-gwang an-nae-so
  tourist information office

□ **정보** [정보] jeong-bo **n. information**

□ **개인** [개:인] gae-in **n. individual**

□ **단체** [단체] dan-che **n. group**

□ **지도** [지도] ji-do **n. map**

□ **약도** [약또] yak-ddo **n. rough map**

□ **관광객** [관광객] gwan-gwang-gaek
  n. tourist, traveler
  = **여행객** [여행객] yeo-haeng-gaek

□ **방문** [방:문] bang-mun **n.** visit

□ **방문객** [방:문객] bang-mun-gaek **n.** visitor

□ **기념** [기념] gi-nyeom **n.** commemoration

□ **기념관** [기념관] gi-nyeom-gwan
   n. memorial hall

□ **기념물** [기념물] gi-nyeom-mul **n.** monument

□ **기념비** [기념비] gi-nyeom-bi **n.** memorial

□ **건물** [건:물] geon-mul **n.** building
   = **빌딩** [빌딩] bil-ding

□ **초고층빌딩** [초고층빌딩] cho-go-cheung-bil-ding
   n. skyscraper
   = **마천루** [마철루] ma-cheol-ru

□ **탑** [탑] tap **n.** tower, pagoda

□ **성** [성] seong **n.** castle

□ **궁전** [궁전] gung-jeon **n.** palace
  = **궁궐** [궁궐] gung-gwol
  = **궁** [궁] gung

□ **왕** [왕] wang **n.** king

□ **여왕** [여왕] yeo-wang **n.** queen

□ **왕비** [왕비] wang-bi **n.** queen

□ **왕자** [왕자] wang-ja **n.** prince

□ **공주** [공주] gong-ju **n.** princess

□ **대성당** [대:성당] dae-seong-dang **n.** cathedral

□ **절** [절] jeol **n.** temple
  = **사원** [사원] sa-won

□ **대웅전** [대:웅전] dae-ung-jeon
  n. the main building of a temple

23

□ **풍경** [풍경] pung-gyeong **n.** scenery
  = **경치** [경치] gyeong-chi

□ **박물관** [방물관] bang-mul-gwan **n.** museum

□ **미술관** [미ː술관] mi-sul-gwan **n.** gallery
  = **갤러리** [갤러리] gael-reo-ri

□ **작품** [작품] jak-pum **n.** work

□ **전시회** [전ː시회/전ː시훼] jeon-si-hoe/jeon-si-hwe
  n. exhibition

□ **과학관** [과학꽌] gwa-hak-ggwan
  n. science museum

□ **영화관** [영화관] yeong-hwa-gwan
  n. movie theater, cinema

□ **극장** [극짱] geuk-jjang **n.** theater

□ **개관** [개관] gae-gwan **n.** opening

☐ **폐관** [폐:관/페:관] pye-gwan/pe-gwan **n.** closing

☐ **광장** [광:장] gwang-jang **n.** plaza, square

☐ **공원** [공원] gong-won **n.** park

☐ **동물원** [동:무뤈] dong-mu-rwon **n.** zoo

☐ **식물원** [싱무뤈] sing-mu-rwon
n. botanical gardens

☐ **놀이공원** [노리공원] no-ri-gong-won
n. amusement park
= **놀이동산** [노리동산] no-ri-dong-san
= **유원지** [유원지] yu-won-ji

☐ **유명하다** [유:명하다] yu-myeong-ha-da
a. famous

☐ **저명하다** [저:명하다] jeo-myeong-ha-da
a. celebrated

23

□ **유명인** [유:명인] yu-myeong-in **n.** celebrity

□ **장엄하다** [장엄하다] jang-eom-ha-da
a. majestic

□ **인상적** [인상적] in-sang-jeok **n./d.** impressive

□ **역사적** [역싸적] yeok-ssa-jeok **n./d.** historical

□ **상업적** [상업쩍] sang-eop-jjeok
n./d. commercial

□ **추천** [추천] chu-cheon **n.** recommendation

□ **추천하다** [추천하다] chu-cheon-ha-da
v. recommend

□ **경로** [경노] gyeong-no **n.** route

□ **목적지** [목쩍찌] mok-jjeok-jji **n.** destination
= **행선지** [행선지] haeng-seon-ji

□ **산** [산] san **n.** mountain

□ **언덕** [언덕] eon-deok **n.** hill

□ **계곡** [계곡/게곡] gye-gok/ge-gok **n.** valley

□ **바다** [바다] ba-da **n.** sea

□ **해변** [해:변] hae-byeon **n.** beach
  = **바닷가** [바다까/바닫까] ba-da-gga/ba-dat-gga

□ **강** [강] gang **n.** river

□ **시내** [시:내] si-nae **n.** stream

□ **개울** [개울] gae-ul **n.** small stream

□ **호수** [호수] ho-su **n.** lake

□ **연못** [연몯] yeon-mot **n.** pond

□ **유적** [유적] yu-jeok **n.** ruins

23

□ **명승고적** [명승고적] myeong-seung-go-jeok

n. scenic spots and places of historic interest

□ **문화재** [문화재] mun-hwa-jae

n. cultural properties

□ **입장** [입짱] ip-jjang **n.** entrance

□ **입장하다** [입짱하다] ip-jjang-ha-da **v.** enter

= **들어가다** [드러가다] deu-reo-ga-da

□ **입구** [입꾸] ip-ggu **n.** entrance, gateway

□ **입장료** [입짱뇨] ip-jjang-nyo

n. entrance fee, admission fee

□ **입장권** [입짱꿘] ip-jjang-ggwon

n. admission ticket

□ **퇴장** [퇴:장/퉤:장] toe-jang/twe-jang **n.** going out

□ **퇴장하다** [퇴:장하다/퉤:장하다]

  toe-jang-ha-da/twe-jang-ha-da **v.** go out

  = **나가다** [나가다] na-ga-da

□ **출구** [출구] chul-gu **n.** exit

□ **도시** [도시] do-si **n.** city

□ **지방** [지방] ji-bang **n.** province

□ **마을** [마을] ma-eul **n.** town, village

□ **시골** [시골] si-gol **n.** countryside

□ **도로** [도:로] do-ro **n.** road, street

□ **길거리** [길꺼리] gil-ggeo-ri **n.** street

  = **거리** [거리] geo-ri

□ **대로** [대:로] dae-ro **n.** avenue

  = **큰길** [큰길] keun-gil

23

번화가 [번화가] beon-hwa-ga **n.** main street

지름길 [지름낄] ji-reum-ggil **n.** shortcut

가깝다 [가깝따] ga-ggap-dda **a.** near

멀다 [멀:다] meol-da **a.** far

사진 [사진] sa-jin
n. photograph, picture, photo

셀프 카메라 [셀프 카메라] sel-peu ka-me-ra
selfie
= **셀카** [셀카] sel-ka **n.**

셀카 봉 [셀카 봉] sel-ka bong selfie stick

선물 [선:물] seon-mul **n.** present, gift

기념품 [기념품] gi-nyeom-pum **n.** souvenir

엽서 [엽써] yeop-sseo **n.** postcard

□ **그림엽서** [그:림녑써] geu-rim-nyeop-sseo

n. picture postcard

□ **열쇠고리** [열:쐬고리/열:쒜고리]

yeol-ssoe-go-ri/yeol-sswe-go-ri n. key ring

□ **토산품** [토산품] to-san-pum

n. local production

□ **특산품** [특싼품] teuk-ssan-pum n. specialty

□ **대사관** [대:사관] dae-sa-gwan n. embassy

□ **영사관** [영사관] yeong-sa-gwan n. consulate

24과 **Cases & Accidents**
사건 & 사고 sa-ggeon & sa-go   MP3. U24

☐ **사건** [사:껀] sa-ggeon **n.** case

☐ **사고** [사:고] sa-go **n.** accident

☐ **경찰** [경:찰] gyeong-chal **n.** police officer
 = **경찰관** [경:찰관] gyeong-chal-gwan

☐ **경찰서** [경:찰써] gyeong-chal-sseo
  n. police station

☐ **진술** [진:술] jin-sul **n.** statement

☐ **진술하다** [진:술하다] jin-sul-ha-da **v.** state

☐ **증언** [증언] jeung-eon **n.** testimony

☐ **증거** [증거] jeung-geo **n.** evidence

☐ **증인** [증인] jeung-in **n.** witness

☐ **목격자** [목껵짜] mok-ggyeok-jja **n.** witness

316

□ **알리다** [알리다] al-ri-da **v.** report

= **보고하다** [보:고하다] bo-go-ha-da

□ **신고하다** [신고하다] sin-go-ha-da **v.** declare

□ **통지하다** [통지하다] tong-ji-ha-da **v.** notice

□ **죄** [죄:/줴] joe/jwe **n.** crime

□ **유죄** [유:죄/유:줴] yu-joe/yu-jwe **n.** guilt

□ **무죄** [무죄/무줴] mu-joe/mu-jwe **n.** innocence

□ **범죄** [범:죄/범:줴] beom-joe/beom-jwe
n. offense, crime

□ **죄책감** [죄:책깜/줴:책깜]
joe-chaek-ggam/jwe-chaek-ggam
n. sense of guilt

□ **책망** [챙망] chaeng-mang **n.** reproach

□ **가책** [가:책] ga-chaek **n.** scolding, blame

□ **양심** [양심] yang-sim **n.** conscience, scruple

□ **범죄인** [범:죄인/범:쮀인] beom-joe-in/beom-jwe-in
   n. criminal
   = **범인** [버:민] beo-min

□ **용의자** [용의자/용이자] yong-ui-ja/yong-i-ja
   n. suspect

□ **피의자** [피:의자/피:이자] pi-ui-ja/pi-i-ja **n.** accused

□ **가해자** [가해자] ga-hae-ja **n.** assailant

□ **피해자** [피:해자] pi-hae-ja **n.** victim

□ **도둑** [도둑] do-duk **n.** thief

□ **강도** [강:도] gang-do **n.** robber, burglar

□ **노상강도** [노:상강도] no-sang-gang-do
   n. mugger

□ **도둑질** [도둑찔] do-duk-jjil **n.** stealing
= **절도** [절또] jeol-ddo

□ **도난** [도난] do-nan **n.** robbery

□ **훔치다** [훔치다] hum-chi-da **v.** steal, rob
= **도둑질하다** [도둑찔하다] do-duk-jjil-ha-da

□ **소매치기** [소매치기] so-mae-chi-gi
n. pickpocket

□ **사기** [사기] sa-gi **n.** fraud, swindle

□ **사기꾼** [사기꾼] sa-gi-ggun **n.** swindler

□ **속이다** [소기다] so-gi-da **v.** trick, cheat

□ **살인** [사린] sa-rin **n.** murder
= **살해** [살해] sal-hae

□ **살인범** [사린범] sa-rin-beom **n.** murderer
= **살해범** [살해범] sal-hae-beom

□ **행방불명** [행방불명] haeng-bang-bul-myeong
  n. missing

□ **실종** [실쭝] sil-jjong **n.** disappearance

□ **부상** [부:상] bu-sang **n.** injury, wound, cut
  = **상처** [상처] sang-cheo

□ **타박상** [타:박쌍] ta-bak-ssang **n.** contusion

□ **찰과상** [찰과상] chal-gwa-sang **n.** abrasion

□ **멍** [멍] meong
  n. bruise, black-and-blue mark

□ **피멍** [피멍] pi-meong **n.** bruise

□ **흉터** [흉터] hyung-teo **n.** scar
  = **흉** [흉] hyung

□ **다치다** [다치다] da-chi-da **v.** hurt

□ **아프다** [아프다] a-peu-da **a.** painful

  = **고통스럽다** [고통스럽따] go-tong-seu-reop-dda

  = **괴롭다** [괴롭따/궤롭따] goe-rop-dda/gwe-rop-dda

□ **따갑다** [따갑따] dda-gap-dda **a.** sore

□ **쑤시다** [쑤시다] ssu-si-da **v.** ache

□ **욱신거리다** [욱씬거리다] uk-ssin-geo-ri-da
  v. throb, sore

□ **뻐근하다** [뻐근하다] bbeo-geun-ha-da **a.** stiff

□ **뼈** [뼈] bbyeo **n.** bone

□ **부러지다** [부러지다] bu-reo-ji-da **v.** break

□ **골절** [골쩔] gol-jjeol **n.** breaking a bone

□ **삐다** [삐:다] bbi-da **v.** sprain, wrench

  = **접질리다** [접찔리다] jeop-jjil-ri-da

24

□ **붓다** [붇:따] but-dda
   v. swell, become swollen

□ **화상** [화:상] hwa-sang n. burn, scald

□ **데다** [데:다] de-da v. get burnt

□ **동상** [동:상] dong-sang n. frostbite

□ **베다** [베:다] be-da v. cut

□ **베이다** [베이다] be-i-da v. be cut

□ **피** [피] pi n. blood
   = **혈액** [혀랙] hyeo-raek

□ **출혈** [출혈] chul-hyeol n. bleeding

□ **지혈** [지혈] ji-hyeol n. hemostasis

□ **고통** [고통] go-tong n. pain, agony
   = **통증** [통:쯩] tong-jjeung

□ **두통** [두통] du-tong n. headache

□ **치통** [치통] chi-tong n. toothache

□ **의식불명** [의:식불명] ui-sik-bul-myeong
   unconsciousness

□ **목발** [목빨] mok-bbal n. crutch

□ **붕대** [붕대] bung-dae n. bandage

□ **깁스** [깁쓰] gip-sseu n. plaster cast
   = **석고붕대** [석꼬붕대] seok-ggo-bung-dae

□ **침착** [침착] chim-chak n. composure

□ **침착하다** [침차카다] chim-cha-ka-da
   a. calm, composed
   = **차분하다** [차분하다] cha-bun-ha-da

□ **긴급** [긴급] gin-geup n. urgency

□ **긴급하다** [긴그파다] gin-geu-pa-da a. urgent

응급 [응ː급] eung-geup **n.** emergency

구조 [구ː조] gu-jo **n.** rescue

응급처치 [응ː급처ː치] eung-geup-cheo-chi
first aid
= **응급치료** [응ː급치료] eung-geup-chi-ryo

구급상자 [구ː급쌍자] gu-geup-ssang-ja
n. first-aid kit

구급차 [구ː급차] gu-geup-cha **n.** ambulance
= **앰뷸런스** [앰뷸런스] aem-byul-reon-seu

응급실 [응ː급씰] eung-geup-ssil
n. emergency room

뇌졸중 [뇌졸쯩/눼졸쯩] noe-jol-jjung/nwe-jol-jjung
n. stroke
= **뇌중풍** [뇌중풍/눼중풍]
noe-jung-pung/nwe-jung-pung

☐ **간질** [간:질] gan-jil **n.** epilepsy
　= **뇌전증** [뇌전쯩/눼전쯩]

　noe-jeon-jjeung/nwe-jeon-jjeung

☐ **경련** [경년] gyeong-nyeon **n.** spasm

☐ **경기** [경끼] gyeong-ggi **n.** convulsion
　= **경풍** [경풍] gyeong-pung

☐ **심장마비** [심장마비] sim-jang-ma-bi heart attack

☐ **심폐 소생술** [심폐 소생술/심페 소생술]

　sim-pye so-saeng-sul/sim-pe so-saeng-sul

　CPR (cardiopulmonary resuscitation)

24

☐ **인공호흡** [인공호흡] in-gong-ho-heup
　n. artificial respiration

☐ **질식** [질씩] jil-ssik **n.** asphyxiation

☐ **기절** [기절] gi-jeol **n.** fainting
　= **실신** [실씬] sil-ssin

□ **치료** [치료] chi-ryo **n.** treatment

□ **치료하다** [치료하다] chi-ryo-ha-da **v.** cure
= **낫다** [낟:따] nat-dda

□ **회복** [회복/훼복] hoe-bok/hwe-bok **n.** recovery

□ **회복하다** [회보카다/훼보카다]
hoe-bo-ka-da/hwe-bo-ka-da **v.** recover

□ **분실** [분실] bun-sil **n.** loss

□ **분실물** [분실물] bun-sil-mul **n.** missing article

□ **분실물 취급소** [분실물 취:급쏘]
bun-sil-mul chwi-geup-sso Lost and Found

□ **미아** [미아] mi-a **n.** missing child

□ **교통사고** [교통사고] gyo-tong-sa-go
n. traffic accident, car accident

☐ **충돌** [충돌] chung-dol **n.** collision, crash

☐ **충돌하다** [충돌하다] chung-dol-ha-da
 v. clash, bump

☐ **정면충돌** [정:면충돌] jeong-myeon-chung-dol
 n. head-on collision

☐ **추돌** [추돌] chu-dol **n.** rear-end

☐ **추돌하다** [추돌하다] chu-dol-ha-da **v.** rear-end

☐ **견인차** [겨닌차] gyeo-nin-cha **n.** tow truck
 = **레커차** [레커차] re-keo-cha

24

☐ **도망** [도망] do-mang **n.** escape
 = **도주** [도주] do-ju

☐ **뺑소니** [뺑소니] bbaeng-so-ni **n.** hit-and-run

☐ **미끄러지다** [미끄러지다] mi-ggeu-reo-ji-da
 v. slide, slip

빙판 [빙판] bing-pan
n. icy road, slippery road

익사 [익싸] ik-ssa n. drowning

익사하다 [익싸하다] ik-ssa-ha-da v. drown

안전 요원 [안전 요원] an-jeon yo-won lifeguard

화재 [화:재] hwa-jae n. fire
= **불** [불] bul

폭발 [폭빨] pok-bbal n. explosion

소방관 [소방관] so-bang-gwan n. firefighter

소방차 [소방차] so-bang-cha n. fire truck

소방서 [소방서] so-bang-seo n. fire station

재난 [재난] jae-nan n. calamity

□ **천재지변** [천재지변] cheon-jae-ji-byeon
  n. disaster

□ **자연재해** [자연재해] ja-yeon-jae-hae
  n. natural disaster

□ **지진** [지진] ji-jin n. earthquake

□ **눈사태** [눈:사태] nun-sa-tae n. avalanche

□ **산사태** [산사태] san-sa-tae n. landslide

□ **해일** [해:일] hae-il n. tsunami

□ **화산** [화:산] hwa-san n. volcano

24

□ **가뭄** [가뭄] ga-mum n. drought

□ **홍수** [홍수] hong-su n. flood

□ **대피소** [대:피소] dae-pi-so
  n. evacuation shelter

■ **동전** [동전] dong-jeon **n.** coin

□ **일 원** [일 원] il won **a won, one coin**

□ **오 원** [오: 원] o won **five won**

□ **십 원** [십 원] sip won **ten won**

□ **오십 원** [오:십 원] o-sip won **fifty won**

□ **백 원** [백 원] baek won **one hundred won**

□ **오백 원** [오:백 원] o-baek won
five hundred won

■ **지폐** [지폐/지폐] ji-pye/ji-pe **n.** bill, note

□ **천 원** [천 원] cheon won **one thousand won**

□ **오천 원** [오:천 원] o-cheon won
five thousand won

□ **만 원** [만: 원] man won **ten thousand won**

□ **오만 원** [오:만 원] o-man won
fifty thousand won

■ **수표** [수표] su-pyo **n.** check, cheque

25

■ **색깔** [색깔] saek-ggal **n.** color, colour
= **색** [색] saek

□ **흰색** [힌색] hin-saek **n.** white
= **백색** [백쌕] baek-sseak
= **하얀색** [하얀색] ha-yan-saek
= **하양** [하양] ha-yang

□ **검은색** [거믄색] geo-meun-saek **n.** black
= **흑색** [흑쌕] heuk-ssaek
= **검정** [검정] geom-jeong

□ **회색** [회색/훼색] hoe-saek/hwe-saek **n.** gray

□ **빨간색** [빨간색] bbal-gan-saek **n.** red
= **홍색** [홍색] hong-saek
= **붉은색** [불근색] bul-geun-saek
= **빨강** [빨강] bbal-gang

□ **주황색** [주황색] ju-hwang-saek **n. orange**
 = **주황** [주황] ju-hwang

□ **노란색** [노란색] no-ran-saek **n. yellow**
 = **노랑** [노랑] no-rang

□ **연두색** [연:두색] yeon-du-saek
 n. yellowish green
 = **연두** [연:두] yeon-du

□ **초록색** [초록쌕] cho-rok-ssaek **n. green**
 = **녹색** [녹쌕] nok-ssaek
 = **초록** [초록] cho-rok

□ **하늘색** [하늘쌕] ha-neul-ssaek **n. sky blue**

□ **파란색** [파란색] pa-ran-saek **n. blue**
 = **청색** [청색] cheong-saek
 = **파랑** [파랑] pa-rang

26

□ **남색** [남색] nam-saek **n. indigo**

□ **보라색** [보라색] bo-ra-saek **n.** violet
　= **보라** [보라] bo-ra

□ **연보라색** [연:보라색] yeon-bo-ra-saek
　n. lavender, light purple
　= **연보라** [연:보라] yeon-bo-ra

□ **자주색** [자:주색] ja-ju-saek **n.** purple
　= **자색** [자:색] ja-saek
　= **자주** [자:주] ja-ju

□ **분홍색** [분:홍색] bun-hong-saek **n.** pink
　= **분홍** [분:홍] bun-hong
　= **핑크** [핑크] ping-keu

□ **갈색** [갈쌕] gal-ssaek **n.** brown

□ **카키색** [카키색] ka-ki-saek **n.** khaki
　= **국방색** [국빵색] guk-bbang-saek

□ **금색** [금색] geum-saek **n.** gold

□ **은색** [은색] eun-saek **n.** silver

□ **짙다** [짇따] jit-dda **a.** dark, rich, deep
  = **진하다** [진하다] jin-ha-da

□ **옅다** [엳따] yeot-dda **a.** light, pale
  = **연하다** [연ː하다] yeon-ha-da

□ **다색** [다색] da-saek **n.** multicolored

□ **단색** [단색] dan-saek **n.** monochrome

26

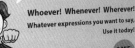